[Coleção CONVERSAFIADA]

VP Isso é muito interessante. Já eu sou da vertente do Feminismo Negro e de uma Tradição que reverencia a Ancestralidade. É impossível não reverenciar Simone de Beauvoir, por exemplo, que em 1949, ao lançar *O segundo sexo*, abalou as estruturas intelectuais da época. Abalou tudo ao dizer que o que está nos definindo como Mulheres é a sociedade. E com isso nós vamos ficar sempre em desvantagem. Veja, até hoje nós lutamos por equidade salarial, até hoje o homem branco está no topo da pirâmide. Ainda tem gente que pensa que o Feminismo está preocupado em deixar de passar batom ou de depilar as axilas. Desde o século XIX estamos lutando e buscando a igualdade. Desde o XIX!! E estamos no século XXI! **AP** É inacreditável. Como eu já disse, a gente ainda tem que ficar repetindo o óbvio. Não tem o menor sentido duas pessoas realizarem o mesmo [...] rem salários diferentes. E eu nem [...] promoção, porque essa é outra questão: conseguir disputar um lugar melhor em um mercado machista. **VP** E para as mulheres negras isso é muito mais difícil.

COLEÇÃO
CONVERSAFIADA

SOBRE FEMINISMOS

ANDRÉA PACHÁ
VILMA PIEDADE

AGIR

© Copyright 2021 by Andréa Maciel Pachá e Vilma Piedade

Direitos de edição da obra em língua portuguesa no Brasil adquiridos pela Agir, selo da EDITORA NOVA FRONTEIRA PARTICIPAÇÕES S.A. Todos os direitos reservados. Nenhuma parte desta obra pode ser apropriada e estocada em sistema de banco de dados ou processo similar, em qualquer forma ou meio, seja eletrônico, de fotocópia, gravação etc., sem a permissão do detentor do copirraite.

EDITORA NOVA FRONTEIRA PARTICIPAÇÕES S.A.
Rua Candelária, 60 — 7º andar — Centro — 20091-020
Rio de Janeiro — RJ — Brasil
Tel.: (21) 3882-8200

Dados Internacionais de Catalogação na Publicação (CIP)

P116s

Pachá, Andréa
    Sobre feminismos / Andréa Pachá, Vilma Piedade - 1.ed. - Rio de Janeiro: Agir, 2021.
    144 p.; (Conversa Afiada)

    ISBN 9786558370369

    1 . Feminismo. I. Piedade , Vilma . I I Título

CDD: 305.42
CDU: 305

André Queiroz – CRB-4/2242

SUMÁRIO

PREFÁCIO | 7
*Feminismos "com máscara, esperança"
e muitos sonhos – Giovana Xavier* | 9

Interseccionalidade e Luta Antirracista | 17
Envelhecer em uma sociedade machista | 37
Igualdades e Desigualdades no Feminismo | 57
Sororidade e Dororidade | 67
Amor, Solidão e Sexualidade | 79
Mulheres e Maternidade | 87
Questão de Gênero, Transfeminismo e perspectivas
para o futuro | 93

TRECHOS CITADOS NA CONVERSA | 101

CONTOS REFERIDOS NA CONVERSA | 107
Para Clarice – Andréa Pachá | 109
O Tempo e a Esperança – Vilma Piedade | 111

OUTRAS CONVERSAS | 115
Primavera das mulheres – Andréa Pachá | 117
Escrita na quarentena – Vilma Piedade | 121

SUGESTÕES BIBLIOGRÁFICAS | 125
AGRADECIMENTOS | 135
SOBRE AS AUTORAS | 139

PREFÁCIO

FEMINISMOS "COM MÁSCARA, ESPERANÇA" E MUITOS SONHOS

Giovana Xavier[1]

Angustiada com os ventos de mudança que desabam mundos que julgamos prontos, eu havia acabado de pedir a Xangô que me desse caminho para novas oportunidades de trabalho. Passaram-se alguns poucos minutos, o celular trêmulo, com tela em tom verde, anunciava algo cada vez mais raro: uma ligação, em vez de mensagem de texto. Em letras brancas, o Vilma Piedade ecoou forte dando sentido às palavras de Lélia Gonzalez:

---

[1] Giovana Xavier. Doutora em História Social, mãe, professora UFRJ. Autora de *História Social da Beleza Negra*. Rio de Janeiro: Rosa dos Tempos, 2021.

"o negro tem de ter nome e sobrenome". Com jeito autêntico, livre e altivo, típico das filhas de Iansã, ao meu alô, seguiu-se a voz doce e forte da teórica feminista negra: "Oi, Preta Dotora, tenho um convite para você!" Enquanto contava a boa-nova de seu novo livro com a admirável Andréa Pachá, eu, de *home office*, sentada no sofá, laptop no colo, senti queimar por dentro o fogo ancestral, o qual Iansã e Xangô, eternos apaixonados, partilham o segredo. É difícil escrever o caminho dos orixás em palavras, mas é certo que quando entram em nossas vidas não saem mais. Foi a certeza que tive durante o honroso papo que tivemos para acertar os detalhes da escrita do prefácio de *Sobre Feminismos*. Nutrida de vento e fogo, cá estou para cumprir esta desafiadora missão.

Há muito o que comentar, mas, acima de tudo, o que conversar com o livro, que apresenta de forma impecável as ideias da escritora Vilma Piedade e da juíza Andréa Pachá, com trajetórias forjadas nas intersecções entre ciência, justiça e movimento social. Uma das coisas que me saltaram aos olhos e que, infelizmente, muitas vezes esquecemos, é o poder do diálogo, especialmente da escuta, para escrita de novas histórias. Histórias estas forjadas no amor, igualdade, respeito, princípios básicos do Feminismo Negro. Ler o criativo papo das autoras foi uma grande oportunidade de nutrir-me destes valores, praticando a arte da escuta de mulheres, autodefinidas cisgêneras, negra e branca. Reconhecidas pelo significativo ativismo intelectual, as narrativas na primeira pessoa da dupla desestabilizaram a ideia de que temos o controle de tudo. Poderosas, tais narrativas percorreram caminhos livres em minha mente, corpo e espírito. De modo que senti a leitura como o "abraço da comunidade" ao qual se refere a escritora de Burkina Faso, Sobonfu Somé, na obra clássica *O espírito da intimidade: ensinamentos ancestrais africanos sobre maneiras de se relacionar* (2009).

Baseado em uma conversa — densa e descontraída, *Sobre feminismos* está organizado em sete instigantes tópicos: Feminismos Plurais: Interseccionalidade e Luta Antirracista; Mulheres. Envelhecimento. Sociedade. Machismo; Igualdades e Desigualdades no Feminismo; Sororidade e Dororidade; Amor. Solidão. Sexualidade; Mulheres e Maternidade; Questão de Gênero. Transfeminismo e perspectivas para o futuro. Assuntos por meio dos quais duas verdades são elegantemente postas: o pessoal é político e militar pelo óbvio — o direito humano de existir e definir as formas que desejamos existir continua sendo necessário. Com linguagem diversificada, ilustrada pela presença dos contos "Para Clarice" e "O tempo e a esperança", respectivamente, de Andréa e Vilma, o conteúdo do livro é mapa temático para fazer chegar ao grande público a história dos movimentos feministas e suas transformações no século XXI.

Em gesto de celebração e reconhecimento ao legado intelectual de Sueli Carneiro, uma das epígrafes de *Sobre feminismos* remete-se às reflexões da filósofa sobre a importância que "falar do ausente" tem na história de mulheres negras, minorias em espaços de poder e prestígio. Ao ler tal afirmação, fiquei pensando que "falar do ausente" é tarefa desafiadora, pois nos convoca a equilibrar projetos individuais e coletivos. Um equilíbrio muito bem manejado pelas autoras. Donas de ideias transgressoras elas, como aprendemos com Conceição Evaristo (2005), questionam os "sonos injustos da casa grande", cada uma à sua maneira: "Esses Feminismos deveriam dialogar entre si, porque, se não tiver escuta e diálogo, eles não vão ser interseccionais", enfatiza Vilma (p. 26). "O curioso é que estamos aqui para conversar sobre feminismo, mas acabamos caindo na pauta racial. Não tem como fugir. São nossas pautas mais urgentes", afirma Andréa Pachá (p. 25). Autora que, por sinal, presenteia-nos com uma sincera e densa escrita de sua história de mulher branca que com aquelas boas chacoalhadas da convivência feminista inter-racial atende ao urgente chamado de repassar e repensar sua história de privilégios.

O registro dos pontos de vista de Andréa sobre desigaldade racial, de gênero e etarismo, na condição de uma magistrada, é muito importante, pois permite destrancar a "caixa-branca" na qual o Poder Judiciário guarda arrepiantes segredos que sustentam as opressões estruturantes da sociedade brasileira. Sua fala, precisa e corajosa, é também de grande relevância política para fundamentar e subsidiar lutas pela vida em um país no qual 75% das 13 milhões e meio de pessoas que vivem abaixo da linha de pobreza são negras. Dado alarmante pontuado por Vilma Piedade, no seu cotidiano de feminista negra comprometida com o "exaustivo" trabalho intelectual de visibilizar humanidades silenciaciadas. Trabalho este que, para além das dores e violências, comporta vitórias como o "empretecer" das universidades públicas, fonte de "riqueza para a construção da nossa sociedade, para a construção das nossas referências" (p. 29).

Gosto de pensar que *Sobre feminismos* integra uma tradição intelectual feminista negra ancorada na valorização das biografias e experiências pessoais como "critérios de produção de significados", como destaca Patricia Hill Collins em *Pensamento feminista negro* (2019). Caminhar com a menina Vilma que chegou lá atrás ao curso de Letras da UFRJ como única estudante negra (lugar caríssimo para Nós!), acentua meu gostar. Fazendo-me sentir parte de "passos que vêm de longe". Trilhados em "linha de continuidade histórica" (Beatriz Nascimento, 199?) entre a referida menina, eu e inúmeras jovens negras universitárias que nas aulas do curso Intelectuais Negras, ofertadas em uma nova UFRJ, sentem-se abraçadas e refletidas, como dizem, com olhos brilhando, "na dororidade de Vilma". Conceito poderoso por meio do qual a autora, umas das primeiras mulheres redatoras da cidade do Rio de Janeiro, transgride, com sofisticação, a ideia de que teoria é território exclusivamente masculino:

> "Todo conceito tem algo que vai nos remeter a outro. E quando o Feminismo nasceu, ele era moldado por mulheres ocidentais de classes mais altas, mais instruídas, enquanto a maioria de nós ainda estava na cozinha. Então, assim: a Dororidade contém a Sororidade, mas nem sempre a Sororidade contém a Dororidade" (p. 70).

Ler, de peito aberto, as páginas de uma obra que ilumina assuntos que apesar de estruturantes — transgeneridade, envelhecimento, maternidade — costumam ser ignorados ou marginalizados como "recortes" nas agendas feministas tradicionais, é uma oportunidade de lutar pela "efetividade de direitos" da qual nos fala, com propriedade, Andréa Pachá. Afinal, sem nossas velhas, mães, travestis e transgêneras tem exclusão e onde tem exclusão não há feminismo. "Com máscara e esperança", celebro, agradecida, a chegada de *Sobre Feminismos*. Livro pioneiro, que nas belas palavras de Vilma Piedade nos inspira a seguir escrevendo a "possibilidade de sonhar que nos faz sobreviver" (p. 100).

"A relação entre mulher negra e poder é um tema praticamente inexistente. Falar dele é, então, como falar do ausente..." Sueli Carneiro

"O Feminismo é o contrário da Solidão." Márcia Tiburi

"Pro feminismo ser relevante ele tem que ser antirracista." Angela Davis

"Por um mundo em que sejamos socialmente iguais, humanamente diferentes, e totalmente livres." Rosa Luxemburgo

INTERSECCIO-NALIDADE E LUTA ANTIRRACISTA

VILMA PIEDADE Hoje se discute e se aplica muito o conceito de Interseccionalidade. Angela Davis, em *Mulheres, Raça e Classe*, nos diz: "Raça, Classe e Gênero entrelaçados, juntos, criam diferentes tipos de opressão. Classe informa a Raça: Raça informa a Classe..." Eu, enquanto Mulher Preta, não vejo, ainda, se alcançamos um Feminismo Dialógico Interseccional. A minha escrita, a minha fala e a minha escuta trazem todas as aberrações que o racismo nos imprimiu e nos empurra goela abaixo no cotidiano. Quando penso em diálogo, em um Feminismo inclusivo, mais preto, preciso recuperar um princípio filosófico africano chamado *UBUNTU*. No princípio africano *UBUNTU*, o Eu contém o Outro — o que "pega" pra você, "pega" pra mim. Esse princípio difere do conceito eurocêntrico de Alteridade, que discute eu e o outro. Isso tudo que estou falando está discutido no meu livro, *Dororidade*, que foi publicado pela editora Nós, e emblematicamente lançado no dia 20 de novembro, em 2017. Nas comunidades, as mulheres sempre se ajudaram, uma ameniza a dor da outra, o trabalho da outra. Uma fica com o filho da outra para ela ir trabalhar, todas se mobilizam de alguma forma. Na pandemia, a gente está vendo que essa rede de solidariedade aumentou. E aí, a Sororidade dialoga com a Dororidade. Mulheres, de todas as cores e diferentes classes sociais, ajudam, doam alimentos, kits de higiene etc.

ANDRÉA PACHÁ Sabe, Vilma, tanto o feminismo quanto a luta antirracista ficaram mais nítidos para mim a partir da compreensão do significado do meu lugar de fala. Eu sou de uma geração que cresceu e foi para a universidade ainda com a ditadura militar instalada no Brasil. Naquele período, quase não se viam movimentos feministas, porque é como se só existisse uma única pauta, a resistência à ditadura, como se todos nós tivéssemos que lutar contra um só inimigo, o arbítrio. Eu nunca achei que precisasse empunhar a bandeira do feminismo, porque sempre ocupei lugares em que a minha voz era escutada. Cresci em meio a pessoas que achavam que mulheres e homens eram iguais e ponto-final, como se fosse natural a igualdade. Me perceber desigual, vítima do preconceito e da ignorância, foi uma inquietação muito recente. Venho aprendendo com os novos feminismos. O mesmo aconteceu com a percepção do racismo à minha volta e em mim. Eu nunca me achei racista até compreender o que era o racismo, e conseguir enxergar essa aberração foi e tem sido um aprendizado — talvez o maior desafio que tenho experimentado nesses últimos tempos. Assumir que sou racista e perceber o racismo no meu dia a dia são angústias permanentes. Como lidar com esse preconceito abominável que eu me dediquei a combater e que, no entanto, me estrutura e me coloca numa posição extremamente desconfortável? Esse desajuste é fundamental para identificar a luta contra o machismo, o racismo e conseguir vencê-los. Nesse momento, tenho procurado me abastecer de esperança para tentar construir uma sociedade mais igual. Por trabalhar com a justiça, com as leis, nunca me conformei com a desigualdade, nunca me conformei com a injustiça. Sempre imaginei que os caminhos para resolver esses problemas fossem os institucionais, mas a cada dia percebo que eles estão contaminados pelo preconceito. E como se combate a desigualdade mantendo uma estrutura que fortalece o preconceito?

VP Muito interessante sua fala, Andréa. Quando entrei na universidade, no curso de Letras da UFRJ — na época do Cesgranrio —, tive Heloisa Buarque de Holanda como professora. Ela discutia o Feminismo. Mas estávamos nos anos pesados. Não se avançava muito na discussão, porém foi meu primeiro contato. E foi bem interessante na época. De Racismo ninguém falava ali, então, eu não tinha acesso nem consciência de que era Preta. E também não percebia que tinha passado na UFRJ, lugar de excelência intelectual, porque eu tinha o privilégio de ser filha única, de classe média, fiz um ótimo curso pré-vestibular e estudava o dia inteiro. E, depois que passei, a faculdade exigia, num primeiro momento, dedicação integral, o que impossibilitava de trabalhar. Nesse tempo, eu era vista como Mulata, que deriva de Mula — ainda bem que desconstruíram esse termo. O Racismo aumenta conforme o tom da pele. Quanto mais a pele for preta, mais Racismo, como assinalou Steve Biko. E para as questões Feministas a que eu estava tendo acesso pela primeira vez, esse era um dado importante. Mas só fui entender isso bem mais tarde; quando eu dizia que era Preta, ouvia... "mas você não é Preta, você é morena, mulata, você não é Preta". Ou então... "olha o seu nariz, é afilado, é de Branco"; mais tarde fui entender que estavam falando de fenotipia, ou seja, dos traços fenotípicos, observáveis, genéticos. Desse modo, eu não tinha traços marcantes da raça negra.

Por muito tempo, o Feminismo foi visto como um bloco único, moldado por Mulheres Brancas, de classe média, instruídas, obviamente em seu lugar de privilégio. Foi Angela Davis quem, no início da década de 1970 lá nos Estados Unidos, começou a juntar pautas de gênero, raça e classe. No Brasil, na época, havia o Movimento Negro e o Teatro Experimental do Negro. Abdias do Nascimento foi muito importante nesse contexto e ainda é, hoje, pela sua contribuição intelectual e política no enfrentamento ao Racismo. Mas esses movimentos não discutiam machismo, misoginia ou sexismo. O Feminismo Negro só começou a ser discutido aqui nos anos 1980, quando Lélia Gonzalez, Benedita da Silva, Jurema Batista e outras Mulheres Negras fundaram, no Rio de Janeiro, em 1983, o primeiro Coletivo de Mulheres Negras, o N'Zinga, em homenagem à Rainha Angolana N'Zinga. Aí então o movimento feminista começou a empretecer, e o Feminismo Negro entrava no Palco da História, como escreveu Lélia Gonzalez, intelectual reconhecida nacional e internacionalmente. A nossa contribuição e a nossa resistência, como você pode ver, vêm de longe; como costumamos dizer, "nossos passos vêm de longe". Nossos passos vêm desde a senzala até aqui. Dos Quilombos. Atravessam os terreiros e a pequena África feita por tia Ciata. Quando passeamos pela história do Feminismo, nós sabemos que só conseguimos ter espaço nessa discussão, aqui no

Rio de Janeiro e no Brasil, graças a Lélia Gonzalez. E aí, com a criação da Criola, no Rio de Janeiro, e do Geledés, em São Paulo, deu-se continuidade ao trabalho de Lélia Gonzalez e à expansão do surgimento do movimento de Mulheres Negras. Lélia tinha um trabalho acadêmico prático e já estudava a noção de Interseccionalidade desde aquela época. Criou conceitos importantes como Amefricanidade e o Pretuguês. Hoje, Carla Akotirene tem uma produção intelectual e conceitual nesse sentido, principalmente com seu livro *O Que é Interseccionalidade*. Conceição Evaristo, quando recebeu o prêmio Buriti, em 2016, nos deixou esta reflexão: "As feministas afirmam que escrever é um ato político, mas para nós, mulheres negras, *publicar* é um ato político, porque nós publicamos muito tarde." Já Sueli Carneiro observa, em "Mulheres negras e poder: um ensaio sobre a ausência", que a gente fala muito de mulheres nos espaços de poder, mulheres no congresso, no legislativo, no executivo, no judiciário, mas para as Mulheres Negras esse espaço ainda é uma ausência. A invisibilidade é presente. Por isso estou nessa onda de escrever "nem regra, nem exceção", porque ou nós somos regra nas estatísticas, muitas bem ruins, ou somos exceção. E ainda hoje somos exceção nos espaços de poder, conforme assinala Sueli Carneiro.

AP Enquanto te ouvia, Vilma, eu fiquei lembrando da minha trajetória acadêmica e profissional. Nos cinco anos em que estudei na UERJ, convivi com apenas uma aluna negra, a Augusta, que entrou na faculdade já aos 60 anos — e infelizmente morreu durante o curso. Trabalhando como advogada, só um colega era negro. Em determinado ponto, achei que experimentava uma trégua: entre a advocacia e a magistratura, fui trabalhar com teatro e com roteiro de cinema, que eu imaginava espaços mais democráticos; mesmo assim, dava para contar nos dedos os atores, autores e diretores negros. Essa invisibilidade fez com que as outras gerações chegassem até aqui sem nem sequer sonhar com toda a história que você acabou de me contar. Como foi que conseguimos construir uma sociedade pretensamente humana e alicerçada em direitos fundamentais — de igualdade, de liberdade — que não passam por essas questões? A interseccionalidade me mostrou o maior desafio que enfrentamos hoje: a compreensão da complexidade que mora no ser humano. Quando o mundo era plano — não como os terraplanistas defendem, mas quando não se discutia a estrutura do mundo —, o sistema estava posto tanto na vida pública quanto na vida privada. Nos núcleos familiares, quem mandava era o homem, o pai; o homem era o chefe da família, enquanto as mulheres criavam os filhos sozinhas e eram subjugadas; tudo era silenciado, e achavam que assim a sociedade funcionaria. Hoje o que mais me assusta é as pessoas enxergarem violência na resistência, se incomodarem com a luta que ameaça o *status quo*, a branquitude, o patrimonialismo. Quero te dar um exemplo nesse sentido. Quando tinha 14 anos, eu morava em Petrópolis e participava de um movimento de cidadania da igreja católica orientado por Leonardo Boff, que ainda era frei na época. Passávamos os fins de semana no vazadouro do lixo, com a comunidade miserável que vivia ali. Na primeira vez que fui com o grupo, cheguei pensando no que podia fazer para melhorar a condição daquelas pessoas, que viviam em situação de extrema pobreza. Eu queria entrar na casa delas, ajeitar as coisas, dobrar as roupas, organizar as prateleiras, pentear o cabelo das crianças, tudo isso porque eu achava que dignidade era a pessoa ter casa arrumada e cabelo penteado. No meu primeiro movimento nesse sentido, Márcia Miranda, que trabalhava com Boff — eles ainda não eram casados na época —, me disse: "Andréa a gente não está aqui para "arrumar" a vida de ninguém, estamos aqui para escutar; não é você quem escolhe que roupa vai ficar dobrada ou que cabelo a pessoa vai usar." Foi ali que entendi a importância da escuta no trabalho de redução da desigualdade. Mas esse comportamento invasivo é frequente no dia a dia. O curioso é que estamos aqui para conversar sobre feminismo, mas acabamos caindo na pauta racial. Não tem como fugir. São nossas pautas mais urgentes.

VP O Racismo aqui é estrutural, sistêmico, como diz o Professor Silvio Almeida. E é muito difícil desconstruir o Racismo, porque ou nos atinge de forma concreta, marcando os corpos Pretos, ou se dilui no simbólico, é sutil. Carlos Moore nos auxilia nessa compreensão com seu livro *Racismo à brasileira*. As pessoas reconhecem que estamos num país racista, mas não *se* reconhecem como racistas. Elas, de seu lugar de privilégio — um privilégio dado pela cor da pele —, não atentam para seus posicionamentos. Mas as coisas estão mudando. Hoje temos aliadas, aliados, na discussão antirracista, pessoas Brancas que fazem a escuta e, como você, sabem do seu lugar de privilégios, falam sobre isso, reconhecem as desigualdades e a desumanização que o Racismo provoca. Mas ainda temos muito que avançar. Não vai ser pra nossa geração.

Quando entrei na UFRJ, tinha só três alunos Negros, incluindo eu, que como disse, não era considerada Preta. Não se estudava teoria Negra. Hoje já não é assim. Depois de muita discussão, as universidades estão empretecendo, aos poucos, o seu conteúdo programático. Andréa, você sabe que as cotas vieram pra provar que não há igualdade, que as oportunidades não são iguais pra todos. Se não houvesse desigualdade, não precisaríamos de cotas. Na Universidade, no serviço público, enfim... Por isso, ainda precisamos avançar na Luta Antirracista. Você, por exemplo, está falando de um lugar de privilégios, lugar da Branquitude, mas está fazendo a escuta e o diálogo. Nós precisamos de vocês, pessoas Brancas, Mulheres Brancas, no combate ao Racismo. Hoje nós temos vários Feminismos. O Feminismo hoje é Plural. Temos o Feminismo Africano, o Feminismo Negro, o Ecofeminismo, o Transfeminismo, o Feminismo Tradicional, enfim Feminismos. O Mulherismo Africana também contribui para o diálogo, a construção e a afirmação da Ancestralidade, mas não se coloca como Feminismo. Não gostaria muito de separá-lo, porque, como assinalei em *Dororidade*, a dor do Machismo une todas as Mulheres; a Preta, a Branca, a Trans, todas. Atinge a todas Nós. É só ver o Feminicídio, que aumentou assustadoramente na pandemia. E são as Mulheres e Jovens Pretas, segundo as estatísticas, que estão morrendo mais. Somos estatísticas. Aí, infelizmente, somos regra. Pois, pra além da dor provocada pelo Machismo, temos a dor provocada pelo Racismo. Diante desse quadro, acho que Lélia Gonzalez diria: "*Cumé qui é?*"...

AP É possível construir esse espaço comum? Há uma grande importância em especificar esses muitos feminismos, dar nome a eles, mas é muito importante também que haja um espaço de unidade, porque essa fragmentação pode nos enfraquecer...

VP Esses Feminismos deveriam dialogar entre si, porque, se não tiver escuta e diálogo, eles não vão ser interseccionais, nem inclusivos. Hoje o que mais se discute são os retrocessos na agenda política, ações afirmativas e por aí vai. Com o Feminismo, nós avançamos, tivemos conquistas, como a Lei Maria da Penha, mas você pode ver que as Mulheres Negras ainda não alcançaram o mesmo que as Mulheres Brancas. E o Racismo não nos dá tréguas no cotidiano. Eu quero contar alguns exemplos. Um dia, há uns seis anos, eu estava tomando um café numa padaria chique, muito frequentada por artistas, intelectuais, e ia depois à casa de uma amiga. Eu usava cabelo rastafári e estava vestindo uma calça desbotada. Passou uma senhora, olhou pra mim e disse: "Você me dá um autógrafo?" Eu quis confirmar: "Autógrafo?" E ela: "É, você não é aquela artista...?" Eu peguei um guardanapo e fiz um autógrafo para ela, que saiu toda feliz. Andréa, eu entendi: pra eu estar sentada ali, naquele espaço de elite, eu deveria ser artista. Sutil... Outro caso que vai mais ou menos nessa linha foi o da Luana Tolentino, Escritora, Historiadora e Educadora Negra premiada, que certa vez foi interpelada por uma senhora no aeroporto: "Você faz faxina?", a mulher perguntou. "Não, eu faço mestrado", Luana respondeu. No Brasil, faxina tem raça, tem cor e gênero. Ninguém pergunta pra um homem se ele faz faxina, dificilmente se pergunta a uma Mulher Branca se ela faz faxina, principalmente no guichê de um aeroporto. Um caso que nunca podemos esquecer é o da Advogada Valéria Santos, Negra, que foi algemada em 2018, levada pra uma delegacia, onde precisou mostrar a carteira da OAB pra provar que era advogada. Por isso assinalo em *Dororidade...* "a dor e a nem sempre delícia de se saber quem é...". Como você pode ver, as Mulheres Negras ainda não alcançaram as mesmas conquistas de vocês, mas o Feminismo teve seus avanços. Contudo só em 1879 as mulheres brasileiras foram autorizadas a ingressar no ensino superior. Isso valia pras Mulheres Pretas? Não, porque eram escravizadas na época, e a abolição foi apenas em 1888. De acordo com o Código Civil de 1916, uma mulher só poderia trabalhar fora se o marido permitisse. Em 24 de fevereiro de 1932 foi liberado o voto feminino no Brasil. Em 1962, foi criado o estatuto da mulher casada, e só a partir daí que uma mulher deixou de precisar da autorização do marido pra trabalhar. Uma visão mais relativista do Feminismo só passou a ser incorporada em 1980. Nesse período Lélia Gonzalez foi fundamental pra que o movimento Feminista discutisse as especificidades relativas aos diferentes tipos de mulher, considerando aspectos culturais, sociais, étnicos, raciais.

AP Foi bom você ter trazido essas referências e datas pra conseguirmos imaginar o absurdo que é a evolução e de que forma ela acontece. Temos celebrado migalhas, que deveriam ser entendidas não como prêmios, mas como direitos. Imagine: quando alcançava a maioridade, juridicamente a mulher podia ter negócios, administrar seu patrimônio, estudar. Mas aí ela casava e voltava a ser considerada incapaz, precisando da autorização do marido para administrar a própria vida. E quando eu falo nesses marcos normativos, é muito importante lembrar que não se muda a vida por lei. A vida tem importância simbólica, marca avanços, mas a vida é muito mais dinâmica. Se fosse a lei que determinasse a transformação, viveríamos no melhor dos mundos, porque o Brasil tem uma constituição que define direitos humanos fundamentais, garantias sociais e princípios de igualdade e dignidade que nos levariam a viver no país mais justo e menos desigual. Mas não é assim que acontece. O machismo, por exemplo, se sobrepõe aos avanços normativos. Tanto é assim que, até hoje, ainda precisamos lidar com a violência doméstica. É um assombro, em pleno século XXI, ter que continuar a discutir o óbvio: que homem não pode agredir mulher. Atualmente fala-se em crise da racionalidade, em esvaziamento da palavra e do significado, mas é inadmissível que se viva em uma sociedade que todos os dias precisa reafirmar o óbvio. É o que temos feito. Temos gastado tempo e indignação denunciando a violência contra as mulheres. Vemos a escalada dos números e a perpetuação da violência como se fosse natural viver tendo que lutar todos os dias. É inaceitável a história daquela menina de 11 anos, estuprada no Espírito Santo, que precisou ir à Justiça pedir autorização para fazer um aborto — que é legal — e foi obrigada a viajar para fazer o procedimento em outro estado, porque o hospital público que deveria atendê-la não reconheceu seu direito. No Brasil, por ano, são 26 mil crianças entre 10 e 14 anos dando à luz. É exaustivo. Como se todo dia, ao acordar, tivéssemos que perguntar: "Qual vai ser a nossa luta de hoje? Qual vai ser a nossa pauta de hoje? Como é que vamos sobreviver à violência, à truculência, ao racismo, ao machismo hoje?" Não passa, sabe? Mas, ainda assim, as coisas melhoraram muito, ganharam visibilidade. Um exemplo é o caso, bem lembrado por você, das universidades públicas que empreteceram. Isso é de uma riqueza para a construção da nossa sociedade, para a construção das nossas referências... Talvez esse tenha sido o movimento mais importante que o Brasil experimentou ao longo do processo de uma democracia de muito baixa densidade. Ainda assim, vivemos anos-luz de um modelo democrático mínimo. Quando falamos de feminismo, não estamos falando de privilégios, mas de igualdade. Só que em um ambiente onde há prevalência do discurso do ódio, do esvaziamento das palavras, do silenciamento — o que é o ódio senão a ausência de palavra? —, é impossível avançar no discurso da igualdade. E o feminismo precisa ser o contraponto da truculência. Precisamos de afeto, de cuidado e atenção. Ninguém aguenta mais. É exaustivo acordar e dormir tendo que brigar todo dia pelo óbvio, contra o machismo, contra o racismo. Com a pandemia e o isolamento, esse cansaço foi potencializado, porque não tem como estar na rua ouvindo o outro, abraçando o outro, se fortalecendo. Quando estamos sozinhas, a resistência se esvai, compromete a nossa capacidade de resistir. É uma luta difícil.

VP Muito bem colocado, Andréa. E não podemos esquecer de adicionar às conquistas da Luta das Feministas, das Mulheres, a criação da Lei Maria da Penha e a implementação da lei contra o Feminicídio. Mas ainda há muita luta pela frente, principalmente por leis que considerem não apenas gênero, mas também raça. Vou citar a questão da educação, que vem permeada pelo Racismo há muitos anos. O Racismo, aliás, se manifesta até na Língua Portuguesa. Eu sou da área de Letras, de Teoria da Literatura e Literatura Brasileira, e acredito que deveria haver uma reforma no léxico. Se você entrar no Google hoje e procurar sinônimos de "Negro" ou "Preto", vai encontrar termos como "servo liberto". Há ainda termos pejorativos, como "encardido", "feio", "sujo", "lúgubre", "abominável", "tição". Para "branco", vem "imaculado", "inocente", "impecável", "limpo" e por aí vai. Lembrando de Heidegger, você é através da linguagem, eu sou através da linguagem, nós somos através da linguagem. A Linguagem é o sistema que organiza a Língua e o Discurso, e é com esses exemplos de palavras que uma criança fundamenta seu discurso. É o que elas ouvem e leem na escola, na internet, no celular, na televisão. Como você disse, é exaustivo... Dá um cansaço mesmo. Eu tenho um cansaço também da palavra *resistência*, porque ninguém aguenta mais esse negócio de ficar resistindo. Estamos vendo o aumento do feminicídio, apesar da lei. A OMS (Organização Mundial da Saúde) aponta a mortalidade materna como algo evitável, e mesmo assim muitas jovens negras grávidas às vezes morrem por dificuldade em acessar os serviços de saúde. Com a pandemia e as aulas remotas, observamos que muitos alunos moradores de periferia — geralmente pretos — acessam a internet, porém, às vezes a família tem um celular só e a criança precisa usar para assistir à aula. E isso traz prejuízo ao aproveitamento do conteúdo ministrado nas aulas. Repito: ou somos regra ou exceção. Vou te dar outros exemplos. A taxa de feminicídio caiu para as Mulheres Brancas, mas aumentou para as Mulheres Negras. Na pesquisa demográfica do IBGE de 2019, dos 13 milhões e meio de pessoas que estavam abaixo da linha da pobreza, 75% eram pretos ou pardos. Andréa, essa desigualdade que está instaurada me parece muito difícil de desconstruir, mas temos que continuar lutando por políticas públicas que contemplem nossa demanda e consigam reduzir, pelo menos em parte, as desigualdades que aumentaram com a Pandemia... O momento está muito triste. Muitas perdas. Enfim... Agora, com o avanço da vacinação, estamos trazendo a Esperança de volta!

AP E tem uma questão, Vilma. O modelo econômico atual, que é hegemônico, acaba impactando todas essas lutas e todas essas pautas. O ultraliberalismo é tão perverso que se apropria das pautas legítimas e que dizem respeito à igualdade e à dignidade para transformá-las em mercadoria. Isso acontece não só com o antirracismo ou o feminismo, mas com qualquer pauta identitária. O que é essencial vira aparência. O mercado acaba, então, criando uma naturalização do preconceito, como se o próprio neoliberalismo fosse responsável por solucioná-lo. Reproduzir o preconceito se apropriando do discurso dele é o que tem de mais perverso nesse modelo econômico. Temos encontrado grandes marcas vendendo camisetas estampadas com palavras de ordem ou expressões como "Me Too" e "Black Lives Matter", lucrando em cima dessas causas. Precisamos ficar muito atentas para que esses tipos de ações e intervenções não provoquem um esvaziamento da luta. Claro, é fundamental ocupar todos os espaços, mas com cuidado para que nossas vozes sejam ouvidas e a nossa presença e existência não sejam só um pretexto para o lucro. Há outros movimentos, políticos de fato, que são grandiosos e precisam da articulação de pessoas e de saberes de instituições para conseguir construir a transformação. Há movimentos subjetivos que têm essa compreensão e podem nos levar a políticas cotidianas de redução da desigualdade. Sabe, Vilma, tenho apostado muito nesses espaços de luta coletiva, que são possíveis mesmo com essa hegemonia. Você estava falando da organização das mulheres nas comunidades para darem suporte umas para as outras. Eu trabalho com processos de curatela envolvendo idosos, e o que percebo é que a organização desses núcleos comunitários e familiares tem sido essencial para a afirmação dos direitos e da dignidade dessas pessoas. Movimentos como esses precisam ter cara e voz, porque são fundamentais. Quando vejo a mulherada conseguindo articular grupos propositivos, afirmativos, afetivos, bem-humorados e que mexem com as estruturas, percebo que esse é o canal que precisamos ampliar. Esse espaço é nosso. Não podemos abrir mão dele.

VP Andréa, você trouxe reflexões da maior importância. Ficar atentas para não mascarar, banalizar e esvaziar nossa Luta e conquistas é fundamental. Tudo pode virar opções de mercado. Essa questão da solidariedade tem sido essencial. Como falei anteriormente, é lindo ver a Solidariedade/Sororidade na Dororidade. As mulheres se organizando para reunir kits de higiene, cestas básicas, agasalhos, muitas produzindo máscaras pra ter o seu sustento. Todo mundo se juntando para minimizar a crise. Mas eu não sinto orgulho nenhum em falar de combater o Racismo em pleno século XXI. A escravidão deixou esse legado, esse silenciamento, somos marcados pela exclusão e pela imobilidade social. E o Racismo avança, não dá tréguas. Está no cotidiano, se firma no imaginário social. É estrutural e estruturante. O Racismo é crime inafiançável no Brasil, mas nunca se viu ninguém preso por racismo. Apesar de tudo isso, hoje estamos vendo cada vez mais Pretas(os)(es) na Academia, cada vez mais Coletivos Pretos na periferia. Estamos vendo a Literatura Negra finalmente alcançando maior destaque no mercado editorial brasileiro. A candidatura da Conceição Evaristo à Academia Brasileira de Letras também foi um marco, assim como o intercâmbio de escritores dos países afro-atlânticos em eventos literários como a FLIP e a FLUP. Tudo isso dá maior visibilidade em uma sociedade que insiste na nossa exclusão e invisibilidade, mas ainda somos ausentes nos espaços de poder, somos poucas as Mulheres no Congresso e no Senado, e para nós, Mulheres Negras, a situação é pior. Contudo, temos que continuar... A juventude Negra, principalmente as Mulheres Jovens Pretas, tem conseguido romper essa invisibilidade, seja na vereança, seja como deputadas, ocupando espaço político.

AP Vilma, sua informação é muito relevante: no Brasil, o racismo é crime, e crime inafiançável. Ao falar como juíza, eu tenho o mesmo sentimento de quando eu falo do meu lugar de branca, privilegiada. O arbítrio pode ser praticado pela falta de compreensão do que é o racismo — e, já adianto, essa não é uma questão muito nítida e objetiva. Se pegarmos as decisões que rejeitam as denúncias de racismo, a maioria delas é fundamentada na ideia de que o agressor não quis agredir, de que foi um erro, ele falou sem querer, já se desculpou, como se o fato de alguém praticar um crime e se desculpar levasse à absolvição. Mais uma vez eu volto àquela questão: não se mudam as desigualdades por lei. Não adianta existir uma lei dizendo que racismo é crime se ela não tem efetividade. O pior é quando a pena é estabelecida, mas não é aplicada: cria-se uma expectativa que não se concretiza, que praticamente legitima o crime, reforçando o preconceito e o racismo. E essa mudança ainda vai demorar um tempo para acontecer, porque é preciso que os juízes que julgam esses crimes e os promotores que fazem as denúncias desestruturem o olhar e tenham uma formação mais adequada quanto aos conceitos e experiências. Assim evitaremos absurdos como o que aconteceu recentemente, um homem negro morto sufocado em um supermercado. A lei precisa ser efetiva, não dá para esperar a sociedade desestruturar esse racismo para enfrentar o absurdo. Precisamos cobrar efetividade de direitos. Um aspecto são as organizações de grupos de mulheres e redes de apoio, que têm crescido. Outro aspecto é montar uma rede jurídica para dar suporte a esse tipo de conduta criminosa, como os coletivos de advogados que já existem e que atendem a população negra. A estrada é longa, mas eu espero que não demore tanto para experimentarmos essas mudanças que são necessárias e fundamentais — e fundamentais não só para quem é negro, mas para qualquer pessoa que pretenda viver numa sociedade democrática.

VP Refletindo sobre a sua fala, precisamos entender para poder cobrar a efetividade de Direitos que você mencionou. A Luta Antirracista precisa de maior engajamento por parte das pessoas não Pretas e das instituições. Para isso, é preciso que elas façam uma reflexão crítica e reconheçam seus privilégios materiais e subjetivos na sociedade, o que é muito difícil. O Racismo é um fenômeno que desumaniza, que nega a dignidade das pessoas por causa da cor da pele, do cabelo, das características físicas, e é muito complicado desconstruí-lo, porque ele se ancora em valores e pequenas ações para se perpetuar.

AP Isso é essencial, unirmos nossas vozes. Quando eu, uma juíza branca, falo, sei que sou ouvida, e sei que outras vozes não são. Que vozes de pessoas negras são silenciadas. Isso é assustador. Quando era juíza da vara de família, eu ia a algumas comunidades fazer casamentos coletivos e regularizar a documentação de crianças sem registro — registrar as crianças é importantíssimo, porque só assim elas são consideradas cidadãs. Na ocasião, propus aos donos de cartório das redondezas um convênio, para que as documentações fossem emitidas de graça, porque eram populações muito pobres. Eles aceitaram, mas eu recebia reclamações dos funcionários. "Fulano já chega aqui cheio de marra, achando que tá mandando", me disseram uma vez. Para eles, uma pessoa negra e pobre chegar a um estabelecimento e exigir um direito era "marra". É como se aquela pessoa só pudesse comparecer ao poder público pedindo "por favor" ou se humilhando. Esse mesmo fenômeno acontece quando vemos aqueles casos de mulheres que perdem filhos vítimas da violência — e na maioria das vezes também são jovens pretos e pobres. Mesmo desesperadas, com raiva por perder um filho, as mães são censuradas, são vistas como desequilibradas, como se não tivessem direito de gritar, de manifestar indignação. Não deveria existir essa conversa de quem pode falar alto e quem não pode, quem tem que ser ouvido e quem não tem.

VP Lélia Gonzalez tem um texto em que conta que sempre foi chamada de quizumbeira quando estava entre Mulheres Brancas. É isso: nós ficamos como as quizumbeiras, escandalosas, barraqueiras, porque não seguimos aquela postura eurocêntrica que nos foi imposta. Esse silenciamento é histórico, todavia estamos avançando na discussão decolonial. Isso é bom, porque pode nos apontar melhores perspectivas pro futuro. Pelo menos, Andréa, eu quero acreditar nisso.

ENVELHECER EM UMA SOCIEDADE MACHISTA

VP Eu estava pensando naquela canção do Caetano Veloso, "Oração ao Tempo". Nela, Caetano fala sobre fazermos um acordo com o Tempo, e eu penso que envelhecer é exatamente isso. Entrarmos nesse acordo. A natureza do Tempo tem sido discutida desde a antiguidade, com sua divisão entre passado, presente e futuro. Em Angola, o Tempo é um orixá, que tem como símbolo uma escada voltada para cima, em referência à evolução. E isso é envelhecer. Mesmo assim, quando envelhecemos, nos afastamos do futuro e ficamos muito mais próximos do passado. E como é que se discute isso?

AP Vivemos em uma sociedade que nega o envelhecimento, a deterioração e a morte. O velho só interessa a essa sociedade se produzir, consumir. Se ele se recusar a adoecer e morrer. A nossa relação com o envelhecimento acaba sendo de negação, como se o tempo não devesse nos impactar, como se devêssemos ser jovens a vida inteira, como se não tivéssemos o direito de morrer. Porque o tempo também é isso, é a nossa experiência de finitude.

VP Em muitas culturas, o Tempo é reverenciado. Quanto mais velha uma pessoa, mais saberes ela tem e mais respeitada ela deve ser. Nas tradições em que a oralidade impera, essas pessoas são chamadas de griôs, aqueles que envelheceram e que trazem as memórias de seu povo. São também símbolos de esperança. Mas hoje as coisas são completamente diferentes. Com a Pandemia vivemos o tempo virtual. E na nossa sociedade o Tempo não é um grande aliado das Mulheres.

AP Ai, Vilma, que lindo. E que coincidência você falar de esperança, eu escrevi um miniconto que vai nesse mesmo sentido. De alguma forma, a esperança traduz o sentimento feminista do envelhecimento. A esperança é aquela que está sempre disposta a viver, a experimentar, apesar da condição precária, contraditória e finita de nossa condição humana.

VP Não é fácil envelhecer, seja você mulher ou homem. Envelhecer é ficar fora do mercado, ficar sozinho. Com o tempo, nós, mulheres, somos deixadas de fora também do universo afetivo. Muitas mulheres se separam, veem seus filhos adultos se mudarem para suas próprias casas e são acometidas pela solidão. A Mulher, aliás, é responsável por todo esse cuidado familiar que se perpetua e que é ampliado na velhice: dificilmente você vai encontrar um homem morrendo sozinho em uma casa de longa permanência — porém nós não temos a mesma sorte, somos abandonadas. Além de tudo isso, não é fácil ser mulher e envelhecer, porque há esse mito arraigado na sociedade de que temos que ser sempre bonitas, jovens, magras. E haja silicone para alcançar o padrão de beleza almejado. Agora, surgiu o Movimento Explante de silicone, que é a retirada da prótese ou a substituição por outra. Muitas Mulheres adoeceram e morreram, e ainda morrem, por causa de procedimentos estéticos realizados sem os devidos cuidados de um profissional credenciado.

AP E temos muita dificuldade de nos perceber velhos, porque a velhice é associada à deterioração, ao desgaste, à proximidade do fim, ao passado. Existe uma questão sobre o envelhecimento: o corte etário é muito arbitrário para definir quem é velho e quem não é. A lei define que a partir de sessenta anos as pessoas são idosas. Para fins de políticas públicas, isso é muito importante, porque é a partir dessa idade que começa — ou pelo menos deveria começar — a funcionar uma rede de acolhimento e proteção. Porém, ao classificar os seres humanos pela idade, cria-se um dispositivo excludente; é como definir um grupo que não participa mais da vida ativa. Esse é um fenômeno da contemporaneidade, especialmente na sociedade utilitária do consumo e do lucro. Quando envelhecemos, nossa subjetividade passa a ser uma questão irrelevante para as políticas públicas, como se o idoso perdesse a subjetividade porque vira idoso. Vemos pessoas dizendo que têm pânico dos sessenta anos não porque temem ficar velhas, mas porque passam a ser identificadas apenas como "sexagenários", não como indivíduos. Penso sempre nas manchetes de jornal: "Idoso é atropelado." Que tipo de identificação é essa? Sem nome, sem nada. Isso sem contar que tanto as pessoas de sessenta quanto as de cem anos são regidas pela mesma norma, como se fizessem parte de um grupo só. Isso reduz as pessoas a uma classificação limitada, reducionista. E a velhice tem valor importantíssimo para a sociedade, pois traz consigo conhecimento, experiência, tradição, histórias etc. Norberto Bobbio diz que a dimensão para a qual os velhos vivem é o passado, como se eles fossem colecionadores de passados. Além disso, quanto mais rica é essa experiência do passado, mais potente a experiência da velhice. Vamos pensar no nosso caso. As mulheres vivem mais que os homens, segundo o IBGE. Esse envelhecimento é muito duro, porque a sociedade impõe uma imagem feminina de juventude e felicidade obrigatória, um modelo a ser seguido, como você apontou, quando falou do mito da juventude e da beleza.

VP E tem também a Mulher Negra. Muitas das Mulheres Negras são abandonadas por seus parceiros, e não só quando envelhecem. Essa é a Solidão da Mulher Negra. E não apenas no sentido do abandono, mas pela própria dificuldade em achar e manter parceiros em um relacionamento estável.

A Solidão da Mulher Negra, Andréa, começa na infância, na Escola, quando percebemos que não somos chamadas para ser a Rainha da Primavera. Era assim no meu tempo, na escola pública. Eu nunca era chamada para seleção do corpo de Dança de Balé. A Solidão afetiva vem depois dessas negações. As Mulheres Negras precisam tomar conta da casa sozinhas, dos filhos; são referências de família, são pais e mães ao mesmo tempo. A maioria ainda é mãe solo. Ficam sozinhas e exaustas. E além de tudo isso, ainda precisam reconstruir diariamente sua autoestima e sua imagem. A gente nem se enquadra nesse padrão de beleza que você falou, que é o da beleza tida como perfeita. Temos nossa própria beleza. O padrão de beleza eurocêntrico é de Mulheres Brancas, de cabelo liso e magras. Aliás, a maioria das Mulheres Negras é cadeiruda. E apesar de esse modelo eurocêntrico ter sido feito e pensado para a Mulher Branca, ainda assim, nenhuma de nós, independentemente da cor, se beneficia disso. Hoje já há um mercado voltado para a beleza Negra, já tem maquiagem para a pele Preta e não tem mais aquela história veiculada pela publicidade, num determinado momento, do shampoo para "controlar o volume dos cabelos". Assumimos nossos cabelos, nossa estética Preta, principalmente a Juventude.

AP Quando ouço você falar da solidão, tão profunda e presente desde a infância na história de muitas mulheres pretas, eu enxergo o tamanho da invisibilidade dessa dor. Sabe, Vilma, eu fui juíza na vara de família durante muitos anos. E poucas vezes vi a dor dessas mulheres negras nos processos nos quais trabalhei, como se o Estado fosse inacessível para garantir a igualdade e os direitos. As demandas, a partir de determinado momento, diziam respeito a divórcios de mulheres mais velhas — o que era raro, porque até pouco tempo atrás vivíamos em uma sociedade em que o casamento deveria ser preservado até o fim da vida, por pior que ele fosse. Isso aconteceu mais ou menos com o advento do Viagra. Pode não parecer, mas esse remédio foi mais um fator para a desigualdade entre os gêneros, porque deu ao homem a potência estendida, enquanto a mulher seguiu no processo natural do envelhecimento. Foi uma coisa louca e curiosa: os homens não só queriam ter o direito de ter prazer até o fim da vida, como também desejavam reconstruir a vida com novos casamentos. As esposas, então, já idosas, se viam sozinhas, sem educação (pois vinham de um contexto em que geracionalmente as mulheres não trabalhavam ou estudavam) e sem a pensão previdenciária, após o falecimento do marido — afinal, ao se divorciarem, elas perdiam o direito. Ao mesmo tempo, ainda que hoje haja acesso a tratamentos de reposição hormonal ou até que a longevidade tenha prolongado o prazer, a disponibilidade e o desejo, não vemos nas mulheres essa necessidade homogênea em voltar a se relacionar, a possibilidade de se envolver com outras pessoas e de viver a sexualidade em plenitude. Muitas mulheres relatam que não querem mais um relacionamento cuja base seja o sexo. São muitas realidades e muitas diferenças, e mesmo assim não dedicamos nada, nem uma linha do feminismo, para pensar a questão que as mulheres enfrentam ao envelhecer, como a menopausa, por exemplo.

VP Sim, o climatério é uma questão muito séria, uma diferença hormonal enorme que leva muitas a ter até depressão. Mas sobre a independência, que você citou... Como eu disse antes, as mulheres só poderiam trabalhar fora com autorização do marido. Quer dizer, a nossa autonomia sempre foi velada.

AP E na velhice ela sai do jugo do marido e passa a ser subjugada pelos filhos, porque também não é raro que os filhos se apropriem da voz das mães quando elas envelhecem. Não permitem nem que elas tenham o protagonismo da própria vida. Um exemplo: muitos filhos, logo que a mãe fica idosa, decidem que é hora de ela mudar de casa, porque aquela em que ela mora é grande demais, ou porque ela não pode ficar sozinha. Ninguém pergunta "Mãe, você quer mudar? Vai ser melhor pra você?". Por outro lado, existe hoje outra geração, que envelheceu e chegou aos sessenta anos depois de passar pela revolução sexual, de participar da luta pela autonomia e que sempre foi dona do próprio nariz. Essas mulheres não têm permitido que os filhos, por exemplo, se apropriem de sua voz. É aí que começam a aparecer relatos de abuso, inclusive patrimoniais, dos filhos fazendo empréstimo no nome da mãe, usando a pensão da mãe para pagar despesas próprias, filhos divorciados que voltam para a casa da mãe sem nem pedir autorização. Envelhecimento deveria estar associado à qualidade de vida, longevidade. Não à violência e à exploração. A velhice já foi considerada um privilégio, como na época de Cícero, em Roma, que escreveu um ensaio de elogio a esse período da vida. Mas é bom lembrar que, também ali, a velhice das mulheres era ignorada.

VP Você e eu estamos falando de realidades muito distintas, Andréa. Quando pensamos em uma mulher periférica, a realidade dela é totalmente diferente. E outra coisa: há pessoas que envelhecem e que não têm mais mobilidade por decorrência de alguma doença. Isso é muito sério, porque quem tem um poder aquisitivo maior vai poder investir em médicos e cuidadores, mas e os homens e as mulheres pobres? Nem imaginamos como deve ser terrível esse envelhecer... E nós estamos envelhecendo. Já existe uma população idosa muito grande, e a tendência é aumentar. Aí nós pensamos: que recursos? Que políticas? Como vai ser isso? Isso sem contar aquilo que você apontou, que somos nós mulheres que ficamos responsáveis por cuidar de pai, filho, irmão — até do ex-marido.

AP Nossa, Vilma, você não tem ideia da quantidade de processos em que decidi pelo restabelecimento do casamento. Casos em que o homem havia se separado da esposa para ficar com mulheres mais jovens e depois, quando idosos, voltavam para a primeira esposa. Eu vejo muito isso nas audiências. Quando faço audiência de curatela com, por exemplo, uma pessoa idosa que está perdendo o discernimento para cuidar das próprias coisas, preciso nomear um curador. E isso pode acontecer com qualquer pessoa, rica ou pobre, porque todo mundo que tem acesso a qualquer valor precisa, no caso de incapacidade, de um termo de curatela — mesmo quem recebe uma pensão do INSS e não tem condição de ir receber ou digitar a própria senha no banco vai precisar de um curador nomeado. É aí que eu observo exatamente isso que você disse: as pessoas que vêm da periferia, especialmente as pessoas negras, chegam à audiência amparadas pelos vizinhos, que se organizam para solidariamente cuidar uns dos outros. Na hora do envelhecimento é um patrimônio moral potente afetivo relevantíssimo. Por mais pobre e carente que uma pessoa idosa amparada pela comunidade seja, ela é muito menos solitária que uma mulher que tem dinheiro e filhos morando pelo mundo afora. Acaba que ninguém se responsabiliza afetivamente por ela, eles pagam para que cuidadores façam esse papel e às vezes aparecem na justiça para a audiência. Não se vê um suporte familiar tão frequente como você vê com as pessoas que moram nas comunidades. Outra coisa muito comum é como as mães com filhos portadores de necessidades especiais são presentes, diferentemente dos pais. Em 26 anos de magistratura, vi apenas uma vez um pai levando o filho que tinha síndrome de Down para fazer uma audiência de curatela. São muitos os relatos de que, quando nasce uma criança com deficiência, o pai se manda, some, não paga pensão, não se responsabiliza, e a mãe tem que cuidar sozinha. Essa mulher um dia vai envelhecer, e quando chegar a hora, vai precisar de uma curatela para esse filho. Isso sem contar o medo que essa mulher sente ao pensar que pode morrer antes dele. Sempre me emociono ao lembrar do relato de uma mãe que me disse uma vez: "Eu nunca pensei que fosse rezar para Deus levar meu filho antes de mim, mas se eu não estiver aqui, não vai ter ninguém para cuidar dele." E, Vilma, ela já devia ter uns oitenta anos. Essa angústia…

VP Isso que você está colocando é muito sério.

AP Muito! Por outro lado, tem uma mulherada que envelhece gregariamente e se percebe livre pela primeira vez na vida. São muitos os casos de mulheres idosas que assumiram o protagonismo da própria vida justamente quando se percebem sozinhas. E aí se organizam em grupos.

VP Sim. Se organizam em grupos e veem que dessa depressão nasce uma coisa criativa, percebem um amadurecimento emocional. Escrevem, como Eu e muitas, rs.

AP E tem outra questão que acabamos nem mencionando aqui, mas que também é um seguimento muito solitário no envelhecimento: as mulheres homossexuais. Muitas têm um relacionamento estável que durou a vida toda, mas as famílias não reconhecem. Quando uma das duas começa a adoecer, a família intervém, separando-a da companheira. Sem um documento de união estável ou coisa parecida, o problema se potencializa. E esse recorte é muito solitário. O envelhecimento de casais homoafetivos, tanto entre mulheres quanto entre homens, é muito difícil porque, primeiro, o casamento ainda não é legal, ou seja, não é previsto por lei. As pessoas podem casar porque o Conselho Nacional de Justiça autoriza, mas não tem uma lei específica. É um retrocesso social. Há ainda o medo de que promulguem leis contrárias a esses avanços. Bom, como já dissemos aqui, o tempo todo é tempo de luta pela consolidação dos nossos direitos. Mas, enfim, são muitos os recortes. Não tem uma velhice só, são muitas velhices...

VP Exatamente, assim como não tem um Feminismo só, são muitos Feminismos. Mas podemos falar de coisas positivas sobre a velhice também. É um período para aumentar as relações sociais, participar de grupos de apoio, ter amigos ao lado — às vezes mais que a família. A prefeitura do Rio de Janeiro colocou aqueles instrumentos para ginástica nas praças da cidade, o que aumentou muito a interação entre as pessoas idosas. Elas vão, fazem exercício físico, jogam dama, conversam e por aí vai. É isso: envelhecer faz parte do desenvolvimento humano. Ou se morre cedo, ou se envelhece. Agora, com a Covid-19 e as restrições impostas, aumentou a solidão na velhice. A esperança é a vacinação para todos, e todas e todos, para amenizar essa solidão. Sartre disse que o único espetáculo do qual nós não participamos é a morte, porque é um espetáculo para o outro; mas da velhice nós participamos, somos agentes dela. A grande questão é conseguir evitar o desgaste biológico, fisiológico, e possíveis doenças que nos coloquem numa situação de total dependência, porque isso é terrível.

AP E tem a tecnologia também, Vilma. Não falamos, mas a tecnologia serviu como uma ferramenta de aproximação para os idosos. Durante a pandemia da Covid-19, muitos idosos que tinham rejeição à tecnologia passaram a utilizá-la por necessidade, o que acabou criando espaços de aproximação e de pertencimento muito importantes para enfrentar o isolamento.

VP A pandemia trouxe isso que você falou, mas também trouxe à tona os buracos e vazios que existem por aí. Não é toda a população que pode acessar e fazer uso dessa tecnologia com tanta facilidade, mas todas as possibilidades que ela traz são bem interessantes. Veja quantos grupos on-line existem hoje de psicólogos e psicólogas que permitem consultas gratuitas. É uma rede de solidariedade que mostra que ainda podemos acreditar na gente enquanto ser humano. Isso é muito bom.

AP É tão bom você falar disso. Eu assisti ao documentário do Caetano Veloso, *Narciso em férias*, recentemente e fiquei tão comovida, porque é de uma beleza tão triste e ao mesmo tempo tão humana. Ali tem um Caetano com 78 anos, e é difícil enxergarmos em Caetano um homem classificado autoritariamente como um idoso.

VP Eu também estou caminhando nessa questão da idade. Penso em Cazuza cantando "O tempo não para", penso em Machado de Assis escrevendo que "o tempo é inexorável". Realmente, Andréa, o tempo é inexorável, ele não dá trégua.

AP Vilma, eu sou capricorniana; os capricornianos têm um pacto silencioso com o tempo, um pacto positivo. O tempo é meu aliado, eu gosto da experiência da passagem do tempo, apesar de tudo. Toda vez que pensamos no envelhecimento, pensamos no que é inescapável, no fim — e falar sobre o fim é muito triste, especialmente para quem tem uma relação apaixonada pela vida, pelo outro, pelo afeto. Não é uma experiência agradável, mas é uma experiência humana única e democrática. Não há no mundo quem não vá morrer.

VP Sim, mas, veja bem, veio a Pandemia. A Covid-19 não deixou escolhas, botou um fim para quem é jovem, idoso, Branco, Preto, todo mundo. Sou Aquariana, gosto do Tempo de mudanças. Gosto de Gente. Sinto falta dos olhos nos olhos. Mas, ainda vamos ficar um tempo nas *lives*, nas chamadas de vídeo, com máscara e Esperança. Repito a palavra Esperança, porque, em julho de 2020, escrevi um texto "O Tempo e a Esperança", quando houve a primeira flexibilização no Rio de Janeiro. Achávamos que a Pandemia estava sob controle ou mais amena. Porém, vieram as ondas, as perdas, enfim... escrevi naquele contexto em que achava que tudo ia melhorar rápido. Ledo engano.

AP O que a pandemia fez foi falar na cara de todos nós: "Você pode morrer! Todo mundo pode morrer!" Então hoje acordamos e dormimos com essa percepção — uma percepção que já deveríamos ter desde sempre.

VP Ah, eu não quero ter essa percepção 24 horas, não.

AP Mas por que, fora da pandemia, não vivemos com essa percepção tão forte? Porque buscamos espaços de afeto, beleza e arte que transformam a experiência humana em uma experiência transcendental. Essas delicadezas — como ver um bom documentário ou ler poesia — podem nos blindar dessa sensação de morte iminente. A pandemia é um momento melancólico, porque temos lidado com muitas perdas e muitas dores, mas é também um momento que pode ser muito rico. Eu tento buscar cada dia mais ser referência para essa garotada hoje, porque não temos o direito de condenar essa geração que chega à desesperança. Temos que ser referência de esperança. Sonhar é um direito que devemos garantir aos que chegam.

VP É, não podemos perder o Sonho, temos que ficar reforçando isso o tempo inteiro.

AP E quando você fala, Vilma, eu vejo isso. Você é referência para meninas muito jovens, é um símbolo, uma representação da esperança.

VP E elas já são a minha — e a nossa — continuidade. Eu acho fantásticas as referências da Juventude. E muita coisa tem mudado. Por exemplo: antes se falava muito da "mulata", o corpo da "mulata", principalmente no Carnaval. As "mulatas" eram quase objetos sexuais — muitas eram até exploradas por grupos que traficavam mulheres. Falando em Carnaval, o envelhecimento também atinge as passistas, as porta-bandeiras e outras mulheres que desfilam. Essa vida na avenida só existia enquanto a Mulher fosse jovem, enquanto tivesse um corpo pronto, objetificado. São pouquíssimas que continuaram a desfilar na velhice — mas com outra roupa. Tudo isso nos afetou enquanto Mulheres Negras. Mas, temos a Velha Guarda respeitadíssima e a Ala das Baianas, que seguem o padrão da Tradição, da Ancestralidade, da beleza do Samba. Meus Respeitos.

AP É muito importante que falemos sobre o envelhecimento das mulheres, Vilma, porque isso reforça a busca pela afirmação de determinados valores que não envelhecem — valores estes em que a velhice se assenta com mais conforto.

VP Nós temos que fazer grupos, Andréa. Grupos de discussão, de apoio, de dança, de bordado, de música, de pintura, de ginástica, de escrita e outros. A pandemia nos mostrou que ninguém deve viver sozinho, todo mundo tem que estar em rede, conectado, se ajudando e se apoiando, na esperança de dias melhores. Não sabemos o que nos aguarda no pós-pandemia, e há uma série de questões que podem nos afetar. Vou falar de mim como exemplo. Já estou velha para o padrão, mas sou referência para a juventude. Outro dia abri o Instagram e encontrei um post sobre Dororidade Capilar. Eram cinco meninas negras lindas falando sobre transição capilar a partir do conceito de Dororidade. Segundo elas, essa transição é motivo de dor, porque o cabelo fica esquisito enquanto cresce cacheado depois de um alisamento; a autoestima fica abalada, há toda uma insegurança, além do próprio racismo. Tem os grupos Dororidade Jurídica e Dororidades no Instagram. Andréa, é muito interessante ver essa minha influência. Isso tem mexido comigo, tem me dado mais Força. A pandemia tem me deixado péssima por não poder ver, abraçar e conversar olho no olho com as pessoas, mas ao mesmo tempo estamos fazendo essa construção maravilhosa de Feminismos. Feministas ou não, envelhecemos, e os Feminismos precisam trabalhar essa questão. De certa forma, esses grupos de autocuidado já estão se propondo a isso.

AP Eu também tenho essa percepção, Vilma. O movimento feminista precisa se ocupar com mais força do processo de envelhecimento das mulheres, porque é de fato muito rica a forma com que as mulheres têm se organizado para enfrentar esse momento difícil que é a pandemia. Elas têm se organizado. Há grupos de mulheres que escolhem estudar juntas, abrir um negócio juntas, voltar para a universidade aos sessenta anos. Estamos construindo uma rede muito importante de cuidado e proteção, um espaço feminista, para fortalecer os direitos.

VP Mas não é só isso. Além de ser uma luta por direitos, o Feminismo ajuda na nossa autoestima, nossa saúde física, mental e emocional.

AP Você falou da Dororidade Capilar e eu lembrei da ditadura do cabelo branco. Uma coisa é você ter autonomia para decidir que plástica vai fazer, que botox vai botar, se quer pintar o cabelo de preto, amarelo ou azul, tanto faz. Isso é escolha e liberdade. Outra coisa é seguir um padrão estabelecido, que provoca dor e não traz autonomia...

VP Você tocou em um ponto importantíssimo, Andréa. Quantas jovens morrem ao botar silicone por causa de profissionais irresponsáveis, com substâncias inadequadas? E o formol no cabelo? E só para obedecer a um padrão de beleza feminino imposto pela sociedade. Nós, feministas ou não, temos liberdade de fazer o procedimento que quisermos, mas é importante que façamos isso porque queremos, não porque a sociedade nos convenceu de que temos que ser diferentes do que somos. O botox que você citou é um bom exemplo. É como se fosse retardar o envelhecimento. Não é necessariamente brigar com o tempo, pode ser algo que mexa com a autoestima. Eu não sou contra.

AP Eu também não. Eu sou contra a imposição. A liberdade é ótima. Mas o que é central é que toda liberdade deveria ser permitida para todas as mulheres. Porém, na verdade, a mulher vai ser sempre criticada por qualquer decisão que ela tomar. Se fizer procedimentos estéticos porque quer parecer mais jovem, ela vai ser criticada; se não pintar o cabelo, vai ser criticada; se escolher viver com uma pessoa mais jovem, vai ser criticada; se escolher viver sozinha, vai ser criticada. Enfim, as mulheres são sempre objeto da opinião alheia, mas isso não pode nos parar. Temos que nos permitir e dar espaço umas às outras, nos ouvir, principalmente as mulheres que estão envelhecendo. O feminismo precisa dar esse espaço para elas também. A juventude tem uma forma de lidar com as certezas que o tempo vai ajustando. Meninas muito jovens que acham que podem opinar e que podem criar teorias fechadas, mas é impossível fazer isso sem ouvir quem veio antes delas. O ciclo é contínuo e cumulativo.

VP Tem um conceito africano, *SANKOFA*, que nos dá uma ideia de passado, presente e futuro. É a ideia de que, para olhar para a frente, é preciso olhar para trás. E essa é uma questão muito importante.

AP Estava aqui pensando também no fato de envelhecer na desigualdade. Envelhecer já é difícil, mas a sociedade permitir que isso aconteça num contexto desigual é ainda mais perverso.

VP Na pandemia também. É só vermos a quantidade de mortes em casas de longa permanência de idosos.

AP A quantidade de óbitos por descaso nesses lugares é assustadora. E temos que parar com essa ideia de ficar botando culpa ou apontando dedos e nos responsabilizarmos. Quem atua na vida pública tem que se posicionar e assumir a responsabilidade com o que é público, cobrando que as políticas sejam efetivas e aconteçam, que deixem de ser só uma intenção para ser uma realidade.

IGUALDADES E DESIGUALDADES NO FEMINISMO

VP Andréa, como o feminismo surgiu para você?

AP Acho que foi um processo de crescimento mesmo. A vida toda eu vivi em espaços de muita igualdade, então sempre foi muito natural achar que todos eram iguais. Embora minhas duas avós tenham vivido praticamente para seus respectivos maridos, elas sempre estimularam a independência e a igualdade. Minha avó paterna casou aos 14 anos, na Síria, e veio para o Brasil, onde viveu até a morte, deixando cinco filhos e 18 netas e netos. Minha avó materna, por exemplo, era rezadeira, dedicada à casa, nunca trabalhou fora e criou as três filhas. Ambas me ensinaram a importância de ir à luta, de ser dona da minha própria vida. E minha mãe me ensinou o mesmo. Eu cresci ouvindo aquela máxima de "quem paga, manda", sabe? Que eu não deveria nunca depender financeiramente de alguém. Quando entrei na faculdade, em 1981, na rebarba da ditadura, também encontrei mulheres que pensavam assim, que precisavam ser independentes e lutar para garantir a igualdade.

VP Isso me fez lembrar da minha mãe. Ela era de Alagoas e fugiu de lá ainda jovem porque não queria o casamento que haviam arranjado para ela. Veio para o Rio de Janeiro de navio e não teve o apoio que esperava dos familiares que já moravam aqui. Minha mãe, então, precisou se virar sozinha e se tornou lavadeira. Foi aí que ela conheceu meu pai, um funcionário público. Logo eles estavam morando juntos. A família não aceitou que ela vivesse com um homem sem estar casada, mas ela não se importou. Mesmo que nunca tenha sido feminista, ela agiu como uma. O meu primeiro contato com o feminismo foi nos anos 1970, nas aulas da professora Heloisa Buarque de Hollanda na universidade, como já disse. Mas fui me aprofundar de verdade um tempo depois, lendo *O segundo sexo*, de Simone de Beauvoir. Foi ali que comecei a reparar em algumas coisas, questionar outras. Li mais, busquei mais bibliografia. Na época, encontrei um grupo de feministas, mas eu não me sentia contemplada por aquela discussão — eram feministas da queima dos sutiãs. Naquele momento, as Feministas reivindicavam trabalhar fora, mas Nós, Mulheres e Jovens Negras, já trabalhávamos fora de casa há muito tempo como domésticas, babás, quituteiras, enfim... nossos passos vêm de longe, como afirma a Marcha das Mulheres Negras. Então só fui adentrar no feminismo mesmo já no final dos anos 1990, quando a pauta das Mulheres Negras estava em discussão. Depois, fui participar das formações de Criola, uma organização de Mulheres Negras aqui no Rio de Janeiro. Apesar de toda a luta, as discussões ali não eram muito relacionadas ao feminismo, mas a políticas de ação afirmativa para mulheres e jovens negras. Aprendi muito nesses espaços importantes para a discussão e o entendimento do racismo. Essas instituições trabalham os direitos e as políticas afirmativas para as Mulheres e Jovens Negras. Foi a minha formação. Depois, a CAMTRA – Casa da Mulher Trabalhadora e a AMB – Articulação de Mulheres Brasileiras foram fundamentais para mim, pois, apesar de não serem de Mulheres Negras, fazem a discussão feminista e trabalham na perspectiva da luta antirracista.

Eu sempre soube das diferenças entre mulheres negras e não negras, mas também sempre soube da importância de não dividir a luta, de nos unirmos pelos nossos direitos. Claro, cada pauta tem questões específicas, porque eu tenho necessidades diferentes das que as mulheres não negras têm. Nós sofremos, desde a diáspora que vivemos até hoje, com o esmagamento e a invisibilidade. O Racismo nos dilacera. Porém, o machismo oprime e atinge todas as mulheres.

AP E nós assimilamos esses valores, né? Porque eu consegui trabalhar, crescer e me fortalecer, mas tudo isso numa estrutura machista. Logo no início da carreira, eu dizia orgulhosa que "trabalhava como um homem". Hoje não consigo nem imaginar um pensamento ou uma reflexão parecida com essa. Eu aceitava isso como se fosse uma evidência da igualdade que nunca existiu, exceto nas minhas crenças e convicções.

VP Pois é. Quando saí da universidade, resolvi trabalhar no mercado publicitário, e não dar aulas. Eu queria ser redatora numa época e num ambiente em que as mulheres só eram aceitas como secretárias e recepcionistas. Na agência, eu até conversava com o diretor de arte, com os ilustradores, mas era só isso, não me davam espaço. Eu era Mídia. Além disso, havia toda uma sexualização naquele ambiente. Como eu era jovem e bonita, ouvia coisas como "se você jantar comigo, pode fazer um texto". Um jogo de assédio. Uma vez, eu soube que a agência precisava de um projeto para um cliente grande, um curso, que trabalhava para manter o *status* de ser o primeiro lugar em aprovação em vestibular no Rio de Janeiro. Eu criei a campanha, envolvi Januário Garcia, um famoso fotógrafo do Movimento Negro que infelizmente nos deixou há pouco tempo, para fazer as imagens, dei um título chamativo... "O Fundão foi invadido – Curso tal, primeiro lugar em Vestibular". O cliente adorou o anúncio, e eu passei a ser Redatora. Sendo Mulher e Negra, foi uma conquista e tanto. Fui uma das primeiras Mulheres Redatoras no Rio, e depois outras agências me convidaram pra criar campanhas.

AP Nunca foi uma questão de competência, né? Sempre foi uma questão de poder. Fico sempre com a sensação de que íamos sendo atropeladas propositadamente para nunca ocupar esses espaços de poder. Enxergar o espaço de poder como um espaço de afirmação de direito é muito recente. Não consigo me imaginar mais, por exemplo, convivendo com a mesma quantidade de homens que já convivi em alguns momentos profissionais na minha vida, aceitando ouvir piadas e comentários hostis, achando natural ser minoria e me comportando como se esperava que uma mulher se comportasse em um universo de homens.

VP Eu não sei como estão as Agências de Publicidade hoje, mas elas eram dominadas por homens. Fico muito feliz por ter conseguido furar essa bolha, ter sido reconhecida numa época como aquela. Eu não era tão feminista, mas foi ali que aprendi um pouco.

AP Comigo foi assim: o feminismo entrou definitivamente na minha vida depois que virei juíza, em 1993. A desigualdade na vara de família ficava tão marcada que eu precisava ter um lado. Vilma, nós juízes não somos imparciais, isso é um mito. Nós temos uma visão de mundo e é a partir dela que vamos julgar. Claro, eu não vou tomar partido de uma mulher só porque ela é mulher, mas na hora de conduzir uma audiência eu consigo perceber o abismo que há entre os gêneros, consigo equilibrar as vozes para que o processo seja mais igualitário. Engraçado, porque é isso: não tem um feminismo só, cada mulher tem suas necessidades e suas escolhas. Quando ia julgar processos de mulheres, eu percebia o jogo de alguns homens na audiência, me elogiando, tentando aumentar minha autoestima, enquanto desqualificavam a mulher que estava em uma posição subalterna, pedindo pensão alimentícia. Assim que isso ficou claro para mim, foi impossível não me perceber feminista.

VP Isso é muito interessante. Já eu sou da vertente do Feminismo Negro e de uma Tradição que reverencia a Ancestralidade. É impossível não reverenciar Simone de Beauvoir, por exemplo, que em 1949, ao lançar *O segundo sexo*, abalou as estruturas intelectuais da época. Abalou tudo ao dizer que o que está nos definindo como Mulheres é a sociedade. E com isso nós vamos ficar sempre em desvantagem. Veja, até hoje nós lutamos por equidade salarial, até hoje o homem branco está no topo da pirâmide. Ainda tem gente que pensa que o Feminismo está preocupado em deixar de passar batom ou de depilar as axilas. Desde o século XIX estamos lutando e buscando a igualdade. Desde o XIX! E estamos no século XXI!

AP É inacreditável. Como eu já disse, ainda temos que ficar repetindo o óbvio. Não tem o menor sentido duas pessoas realizarem o mesmo trabalho e ganharem salários diferentes. E eu nem estou falando de promoção, porque essa é outra questão: conseguir disputar um lugar melhor em um mercado machista.

VP E para as mulheres negras isso é muito mais difícil. Aquele artigo da Sueli Carneiro que já citei aqui sobre espaços de poder aponta isso. É muito difícil para as mulheres, no geral, alcançarem postos de poder, mas para as mulheres negras esse espaço é a ausência. É como se não existisse. Na sua profissão, por exemplo, quantas juízas negras existem? Sempre me lembro da juíza Adriana Alves, Negra, Jovem, que foi a um Encontro de Juízes em 2018 em Brasília e apontou como era vergonhoso e inaceitável estarmos na quinta geração pós-abolição e a participação Negra no Judiciário ser tão baixa. É isso que chamo de exceção.

AP E só agora os juízes e juízas negros conseguiram se organizar em um coletivo associativo. Mesmo assim, são pouquíssimos.

VP Pouquíssimos! Não estamos nesses espaços, nunca estivemos. Veja a desembargadora Ivone Caetano. Só se referem a ela como a "única desembargadora negra do Rio de Janeiro". É sempre assim. Mais uma vez, ou somos regra ou exceção.

AP Sabe, Vilma, há alguns anos o Tribunal de Justiça do Pará era formado por 75% de desembargadoras, era tão inacreditável... Na época, eu viajei para o Pará, representando a Associação dos Magistrados Brasileiros, da qual eu fazia parte. Levei um susto, me perguntava como era possível — em um Estado, historicamente machista, conservador e violento, onde se matava e se mata por conflitos no campo — um Tribunal ser composto majoritariamente por mulheres.

Na ocasião, o presidente do Tribunal, que era um homem, me esclareceu, dizendo que houve um tempo em que os vencimentos dos juízes eram muito reduzidos, e a carreira ficou desinteressante para os homens. Tristemente se justificava o número majoritário de mulheres ao desinteresse dos homens por aquele espaço de poder.

SORORIDADE E DORORIDADE

VP Eu queria falar um pouco dos conceitos de Sororidade e Dororidade, de suas semelhanças e diferenças. Sororidade vem da ideia de irmandade, mas também podemos dizer que tem a ver com empatia, união entre mulheres, solidariedade, ou seja, representa qualquer apoio que uma mulher pode dar a outra, conhecida ou não. Dororidade é a união e a empatia entre as Mulheres Negras geradas pelas suas dores comuns. Esse conceito nasceu da minha inquietude frente à Sororidade, porque eu não me sentia contemplada, apesar de ser um conceito da maior importância para o Feminismo. E eu não vou ficar falando e repetindo, uma vez que todo conceito é circular, se significa ou ressignifica. Além disso, eu pude criar Dororidade porque existia Sororidade; porque todo conceito tem algo que vai nos remeter a outro. E quando o Feminismo nasceu, ele era moldado por mulheres ocidentais de classes mais altas, mais instruídas, enquanto a maioria de nós ainda estava na cozinha. Então, assim: a Dororidade contém a Sororidade, mas nem sempre a Sororidade contém a Dororidade.

AP Excelente, Vilma. Você foi muito precisa: é necessário dar nome às coisas para que elas passem a existir. Somos humanos porque conhecemos a palavra, a representação e o significado das palavras. Sororidade deveria ser um conceito universal, mas não é. Esbarramos nessa mesma questão quando falamos de direitos humanos, que deveria ser um conceito universal, mas sabemos que não é. Por isso a necessidade dessa circularidade: somos feitos de matéria viva, e à medida que as dores emergem, as necessidades para enfrentá-las emergem e os direitos começam a se desenhar. O feminismo é também uma onda de acesso à justiça, da possibilidade de afirmar a igualdade por meio da efetividade. O nome é mesmo fundamental.

VP E a Dororidade veio para dialogar com a Sororidade, não para anular. E você está dizendo uma coisa muito importante, sobre nomear. Eu lembro disso quando nos movimentos sociais eram apresentadas as pautas, as propostas de transversalizar as raças, as classes, tudo.

AP E a banalização e o esvaziamento dos nomes são fenômenos contemporâneos. No Direito isso acontece com muita frequência. Está na Constituição que não pode haver distinção de gênero e de raça. Se isso bastasse, estaria tudo resolvido, mas não. Nós aprendemos a nomear, elaboramos regras, positivamos pelas leis, e ainda assim não há efetividade. Vamos naturalizando as distorções, como se fosse possível viver em um contexto de desigualdade profunda, em que as nossas pautas ficam travadas na teoria e no discurso. Eu percebi muito isso quando estava no Conselho Nacional de Justiça, em uma comissão que cuidava da efetividade da Lei Maria da Penha. Nós temos a melhor lei do mundo no enfrentamento à violência doméstica e, mesmo assim, essa violência continua acontecendo, e de forma crescente. Às vezes, então, ter nome não tem sido suficiente para a efetividade dos direitos. Temos dedicado muito tempo a fortalecer os conceitos, as teorias, mas é importante que nos ocupemos também de ações.

VP Realmente, a nossa atenção tem que estar voltada para o não esvaziamento das ações. O uso que o falante faz da língua, repetindo muitas vezes palavras e conceitos, sem as ações, tende a esvaziá-las, ficando só no discurso.

A Luta Antirracista tem apresentado alguns resultados por aqui. Veja a Magazine Luiza, que criou um programa de *trainee* para Pretos, ou o STF, que criou cotas para estágios. O movimento está se mexendo e criando ações. Dororidade mesmo, Andréa, é um conceito muito recente, mas não está desprovido de ações. Dororidade não é para ficar no mimimi da dor, e, sim, para transformar dor em potência, em arte, em empreendedorismo, em escritas. Várias jovens estão tratando do conceito em seus TCCs, há um coletivo jurídico de Dororidade — aliás, nunca pensei que a área do Direito fosse trabalhar com algo do tipo. Você falou uma coisa muito interessante, e eu entendi. Às vezes, de tanto usar uma palavra, ela é esvaziada mesmo, banalizada. Mas as ações existem.

AP E, Vilma, como saiu racista do armário nesse episódio da Magalu, né? Eu fiquei tão impressionada...

VP Eles não saíram do armário, não, Andréa. Eles sempre estiveram aí.

AP A exibição e o orgulho do racismo são assustadores, doem. A sociedade de alguma forma continha essas vozes, porque muitas pessoas eram racistas, mas não tinham coragem de verbalizar isso. Hoje não. Parece que abriram a porteira e está liberado falar o que quiser. Tem gente que acha bom que os racistas se mostrem, porque assim podemos identificá-los. Eu não acho. Acho pior, porque significa que o freio social do ódio se rompeu.

VP Sim, mas as relações humanas e sociais mudaram com a globalização e com a internet. A simultaneidade de informações, as redes sociais, tudo isso propicia que essas pessoas digam o que quiserem sem medo, achando que nada vai acontecer porque estão atrás da tela de um computador.

AP Você viu aquele documentário *O dilema das redes*? Reproduz uma parte de um livro do italiano Giuliano Da Empoli, *Os engenheiros do caos*. É impressionante a forma com que os algoritmos estimulam nosso comportamento.

VP Sim, me lembra George Orwell e *1984*.

AP Infelizmente a realidade que vivemos consegue superar a ficção do Orwell, do Huxley.

VP Nos anos 1980 e 1990, eu estudei o hiper-realismo. Segundo o Umberto Eco, esse hiper-realismo é o falso absoluto, o real verdadeiro. Antigamente se definia realidade como reflexo do real, hoje se *criam* realidades através da internet. Então, temos um problema muito sério: estamos entre o que é real e o que não é.

AP Enquanto te ouvia, lembrei de um episódio que aconteceu quando eu estava recém-formada. Eu tinha 21 anos e não participava de nenhum movimento feminista, como já comentei. Lembro que cheguei ao trabalho e encontrei uma senhora, da idade da minha mãe na época, com o olho roxo, muito machucada. Eu nunca tinha tido nenhum contato com vítimas de violência doméstica antes, e aquele era um momento em que ainda vigorava o princípio de que "briga de marido e mulher ninguém mete a colher". Lembro que quando a vi ali no escritório, machucada, chorando, fiquei tão indignada que meu coração pulou para o pescoço. Tentei convencê-la a ir à delegacia, fazer um exame de corpo de delito, disse que ela precisava se separar daquele homem horrível. Ela começou a chorar, chorar e chorar, mas, quando se acalmou, disse que amava o marido, não queria prestar queixa nem se separar. Vilma, eu não acreditei, não podia aceitar que uma mulher que tivesse sofrido aquela violência não tivesse coragem de denunciar. Muitos anos depois, já juíza, quando voltei a encontrar vítimas de violência de gênero, a sociedade era outra, e eu pude entender que a última coisa que eu devia ter feito naquela ocasião era julgar a mulher. Entendi que o meu olhar para aquela mulher era totalmente enviesado, fruto de um contexto machista. Não consegui exercitar a Sororidade, então não consegui dar o suporte adequado para ela.

VP Você estava de frente com a Dororidade, né? Exatamente a dor provocada pelo machismo.

AP É isso! E o que eu percebi, Vilma, foi que, como juíza, eu seria mais útil para as mulheres se não julgasse seus desejos e vontades. Isso foi muito importante, porque não tem nada pior para uma mulher vítima de violência doméstica do que buscar ajuda e acolhimento, e se sentir julgada, humilhada, inadequada. E lembrando que eu não vinha de um lugar em que a violência estava presente, e quando estamos nessa posição é muito fácil julgar, dizendo que a vítima tem que ser mais forte. Isso é um absurdo, como se fosse meritocracia. Ainda bem que conseguimos mudar ao longo da vida. E o feminismo para mim é um movimento não só fundamental para a minha existência, mas um aprendizado constante e permanente, porque me vejo o tempo todo precisando rever meus conceitos e valores.

VP Lindo esse seu depoimento, Andréa. E tem a questão do feminismo negro, né?

AP Sim, claro. É muito mais fácil que eu acabe defendendo um discurso e uma teoria de unidade por causa da minha história, da minha branquitude, do lugar de onde eu vim, então é sempre o que acabo pensando primeiro. Mas quando você fala, faz esses apontamentos e sugestões, percebo como ainda há um longo caminho pela frente, que há muitas coisas a considerar e a aprender. A construção dessa pauta comum vai ficando cada vez menor, mas ainda assim consigo reconhecer que há um espaço muito forte e muito potente de unidade de todas as mulheres de todas as raças.

VP Eu consigo enxergar isso através do conceito de Dororidade.

AP E para isso temos que trazer para o movimento feminista a clareza dessa dor, assim ninguém vai negar ou fugir, mas ser confrontado por esse incômodo que é ser racista, ainda que não deliberadamente.

VP A Branquitude precisa se perceber como sistema de dominação. Frantz Fanon, psiquiatra e autor de *Pele negra, máscaras brancas*, diz que a Branquitude tem um complexo de superioridade, enquanto a Negritude tem um complexo de inferioridade. Existem várias denominações para isso, mas uma só já basta: racismo. A vulnerabilidade da Mulher Preta, o abuso, isso tudo vem de muito tempo atrás. Ainda somos marcadas e marcados pela escravidão. Como disse Makota Valdina, "nós nunca fomos escravos, fomos escravizados aqui...". Mas eu queria pensar no agora: vendo a dificuldade que toda a população mundial está passando durante a pandemia, não consigo deixar de imaginar como estão as Mulheres Pretas na periferia, com o subemprego, o isolamento... Muitas, que têm emprego formal, não podem evitar aglomerações nos ônibus, trens, metrô. Tudo cheio.

AP E tem a violência policial também. Não consigo enxergar um lugar no qual a Dororidade mais me toca do que aquele em que mães precisam enterrar os filhos vítimas da violência institucional.

VP Essa coisa da violência está posta. Muita dor. Mães enterrando seus filhos e filhas. Isso é de muito tempo, mas agora está mais em evidência. Acompanhamos o caso de George Floyd nos

Estados Unidos, por exemplo. Mas a violência se dá de diferentes maneiras. A primeira romancista que nós tivemos no Brasil era negra, Maria Firmina dos Reis, autora de *Úrsula*, obra que foi negada por muitos anos pela academia. Nós temos Carolina Maria de Jesus, que foi traduzida para dezenas de línguas e morreu em um lixão. Isso não é por acaso. Mas penso que a Escrita Negra contemporânea está tensionando o padrão acadêmico eurocêntrico, tem sido um instrumento de afirmação política.

AP E isso é muito significativo, porque ocupa espaços. É espetacular ver o movimento acontecendo, ao mesmo tempo em que muitos intelectuais se dedicam ao declínio, ao pessimismo, ao niilismo, à falta de perspectiva. A esperança chega, então, pela literatura negra.

VP Tem uma série de pessoas Negras escrevendo e se afirmando politicamente. O mercado editorial tem produzido muitos livros de autoras e autores negros. É muito interessante o que está acontecendo, porque a gente vê esse universo Preto todo sendo sujeito da sua própria história.

AP Fiquei pensando em como é importante e fundamental que as pessoas brancas que integram o movimento antirracista leiam essa produção literária e compartilhem com os outros. Aproveito para te dizer, Vilma, que você não tem ideia do impacto que é para mim ouvir o seu depoimento, do quanto ele me transforma. É um privilégio poder te ouvir. A minha aproximação do feminismo negro é recente e veio após a escola da magistratura, porque hoje temos grupos dedicados a discutir o racismo e o feminismo nessa perspectiva antirracista. É como se eu estivesse desvelando outro mundo, que não desconstrói aquele em que vivi até hoje, mas que alimenta o que é possível construir adiante.

VP Para mim também é um presente te ouvir, ouvir a sua história, ouvir você contar que julgou aquela Mulher, mas que hoje você percebe que não podia. Aprendo muito com seus livros e, agora, com as suas falas, experiências, vivências. É muito impactante e muito bom saber que você é uma aliada na luta antirracista. Uma vez, participei de um programa de TV para discutir Dororidade. Estava excelente, mas fui surpreendida com a fala de uma pessoa que tinha sido convidada também... *Vilma, você, uma Mulher Preta, como se diz... como é tão culta, tão inteligente?* Ficou um silêncio no ar... É desse jeito.

AP Nos faltam referências, né? A telenovela é um dos produtos que mais interferiu culturalmente no comportamento da sociedade brasileira e, mesmo assim, passou as últimas décadas reproduzindo as mesmas histórias e preconceitos, deixando apenas os brancos em evidência. Aliás, foram muitos anos nos quais as novelas mantiveram os negros na cozinha e os brancos na sala, reforçando os estereótipos e o racismo ao longo dos anos.

VP É, Andréa, isso faz parte do determinismo histórico. Determinismo que nos colocou nesses lugares. Você tem razão, é difícil ver uma família negra sendo núcleo de novela. E tem outra coisa: eu não aguento mais a novela *A escrava Isaura*. Já foi transmitida várias vezes, e isso é uma estratégia que retroalimenta o racismo. Daqui a pouco só falta inventar a novela *A prima da escrava Isaura*. Nas novelas antigas, as atrizes Negras eram na sua grande maioria empregadas, porque não havia nenhum histórico da possibilidade de sair desse lugar. Lázaro Ramos e Taís Araújo andam na contramão disso. Representatividade importa. Nossas vidas importam. Nossa história importa. Nossa estética importa.

AMOR, SOLIDÃO E SEXUALIDADE

AP Já falamos aqui sobre questões muito complexas para as mulheres, como o envelhecimento, a imposição de um padrão estético, a solidão. Esses três temas estão bastante ligados ao funcionamento dos relacionamentos, principalmente os heterossexuais. Estava pensando no divórcio, por exemplo, que apenas foi legalizado em 1977 e foi um marco importante na libertação da mulher, que não era mais obrigada a se submeter a um casamento infeliz. Mesmo com essa possibilidade, a desigualdade econômica continuou subjugando as mulheres a relacionamentos indesejáveis.

VP Apesar de ter sido importante para a nossa história, o divórcio é ainda uma questão delicada. Muitos homens não aceitam que sejamos livres, não aceitam a separação. É como se o divórcio não fosse uma possibilidade em algumas famílias. Veja a taxa de feminicídio hoje.

AP E o feminicídio tem escalado. Antes muitos desses homicídios ocorriam quando havia a recusa do homem a aceitar o fim do relacionamento conjugal. Quando a mulher não queria mais manter a relação era morta pelo marido, por ciúmes, por sentimento de posse. Hoje não, até em um namoro os homens partem para a violência fatal. Quantas meninas jovens têm sido vítimas de feminicídio? Muitas! Eu penso bastante sobre as causas disso, Vilma, e grande parte da minha conclusão está atrelada ao utilitarismo da sociedade e à objetificação da mulher. "Se eu não posso ter, eu mato", eles dizem. Isso porque eles enxergam a mulher como propriedade.

VP E é incrível como isso tem aumentado, mesmo que estejamos no século XXI, em que tanta informação circula. A frase comum nos noticiários é... *Eu não aceito a separação...* Aí mata? Porque não pode perder seu objeto? Fico pensando nas Mulheres durante a pandemia, em todas as Mulheres que têm que ficar em casa com parceiros, às vezes, nada doces ou respeitosos. Como já disse aqui, a Covid-19 escancarou as desigualdades que já existiam, e nós sabemos que a população preta é mais vulnerável do ponto de vista social, mas isso só aumentou com o desemprego, as questões de saúde, o saneamento básico, a violência. Isso é muito complicado e angustiante.

AP E no caso de conseguirem a separação, de forma pacífica, sem violência, há ainda o desamparo, o abandono. Eu trabalhei em audiências de divórcio por anos e a sensação que eu tinha era de que as pessoas queriam justiça no fim do amor, e não tem juiz no mundo que possa obrigar alguém a amar outra pessoa.

VP "Justiça no fim do amor", muito interessante. Fiquei pensando aqui: quando olhamos a humanidade, vemos que vários valores estão se desintegrando, mas e o amor? Lembrei agora dos aplicativos de mensagens instantâneas e de como eles distanciaram as pessoas umas das outras. Por conta da pandemia, para evitarmos o vírus, precisamos ficar em casa e fazer desses aplicativos o lugar da nossa presença virtual. Mas antes as relações já estavam passando por um distanciamento, só se falava pelo celular, digitando. Os telefonemas diminuíram. Então, nós já estávamos numa espécie de distanciamento.

AP É visível a transformação dos afetos na sociedade, porque essa não é só uma ferramenta, um lugar de onde se olha de longe, mas é também uma linguagem nova, em que o narcisismo é muito mais forte do que o encontro e a troca. Hoje se vive turbinado por *likes*, seguidores, visualizações, e eu fico pensando: como é que se instala o amor numa linguagem que tende a ser tão rasa, tão superficial? Por outro lado, nós crescemos em uma cultura baseada no amor romântico, um amor idealizado, de pouca concretização no cotidiano, o amor que parece uma bula porque todo mundo sente as mesmas coisas. Claro, eu não desqualifico a existência desse tipo de amor, mas valorizo de verdade a experiência de um amor pedestre, cotidiano, que é companheiro. Pode não ter o êxtase do encontro, mas é uma relação humana, que conversa com os sentimentos mais profundos que temos. Eu, por exemplo, tenho 57 anos e desejo viver um amor real e não idealizado — embora eu reconheça que este é espaço de sonho e fantasia. Mas não podemos nos aprisionar em formas de amor, né? Senão caímos em uma rede que cria a falsa percepção de que estamos nos relacionando com o outro, quando na verdade estamos nos relacionando com nosso espelho. Por isso, precisamos fazer o dever de casa da humanidade e do afeto.

VP Há um tempo eu escrevi "Reticências, barra e ponto-final", um conto ainda inédito sobre essa questão de estarmos nos relacionando via teclado e sites de relacionamento. Você já percebeu que nos distanciamos tanto que um *emoji* resolve a relação de afeto? Agora, neste tempo, nossos amores também são virtuais. E tudo o que você colocou é imprescindível, esse olho no olho, o toque, a relação de companheirismo e cuidado, mas isso parece que está cada vez mais difícil. Eu sou mais velha que você, e me questiono: será que o amor ainda vai se aproximar de mim? Será que ainda me aproximo do amor? Ou será que ele já ficou distante?

AP O tempo vai nos fazendo conviver melhor com a solidão, né? O Gabriel García Márquez fala isso, que o segredo para uma vida saudável é um pacto digno com a solidão. Parece um pacto possível, mas uma coisa é *conseguir* viver sozinha, outra é *gostar*.

VP Tem outra questão aí. As Mulheres Negras já convivem com a solidão há muito mais tempo, porque muitas são solteiras, nem todas têm parceiros românticos ou relacionamentos consolidados. Por isso, a gente tem debatido tanto sobre a solidão. A Mulher Negra está na base da pirâmide, não encontra correspondente porque muitas não são vistas como ideal romântico.

E a solidão da Mulher Preta começa antes do envelhecimento. Muitas mulheres não falam sobre isso, nem sequer percebem isso, mas é uma realidade. Conforme já mencionei, começa na infância, na Escola.

AP Tudo o que diz respeito à sexualidade feminina não é falado. Masturbação feminina, tesão, desejo. Tudo isso é desqualificado porque a sociedade é machista, patriarcal. Mas uma coisa legal que tem acontecido é que, com os feminismos, estamos criando um ambiente muito mais confortável para que esses assuntos sejam tratados e discutidos sem constrangimento. Eu não me sinto tolhida para falar sobre nenhum assunto que diga respeito ao meu desejo ou à minha sexualidade. Quem tem que se constranger — se alguém tem que se constranger — é quem fica incomodado com isso.

MULHERES E MATERNIDADE

AP Sabe, Vilma, eu sou de uma geração que tinha um projeto de maternidade muito claro. É raro encontrar mulheres da minha geração que não tivessem a maternidade como objetivo, o desejo de ser mãe era muito forte, mesmo que de forma independente, fora de um relacionamento conjugal. Em um segundo momento, porém, diante da relação das mulheres com o trabalho e a independência, os homens foram se apropriando dos espaços domésticos, e a paternidade ganhou certo espaço. Quando havia separação ou divórcio, era sempre a mãe quem ficava com a guarda dos filhos, isso era regra, os pais nem sequer discutiam a possibilidade de assumir a guarda. Hoje não, hoje há uma disputa muito grande dos homens e das mulheres pela guarda dos filhos, pela permanência e pelo convívio — coisas que eram impensáveis há uns vinte anos. Claro, é ótimo que os homens participem e assumam suas responsabilidades, mas tem um lado sombrio nisso: muitos pais usam esse espaço do exercício da paternidade para subjugar ainda mais as mulheres. Paralelo a isso tem outra realidade, que convive nesse mesmo caldeirão: a desigualdade na composição das famílias, ou seja, crianças que, em seu registro, só têm o nome da mãe, porque o pai não reconheceu a paternidade. Mais uma vez, são as mulheres que assumem a carga e a responsabilidade em dobro.

VP Você como juíza traz isso muito bem, Andréa, pois você lida com isso. Nós não somos da mesma geração, mas na minha também houve muita gente que decidiu ter filhos de forma independente. Agora vejo uma coisa: a geração atual é hipermoderna, e mesmo assim ainda existe uma cobrança quanto à maternidade. A minha filha, por exemplo, não quer ter filhos, mas as amigas sempre a criticam por essa decisão.

AP Eu confesso que imaginei que minhas amigas decididas a não terem filhos estariam arrependidas a essa altura da vida, com 55 e 56 anos, mas não. Nenhuma se arrependeu. É uma escolha pessoal. Não pode ter padrão ou cobrança, como vemos com frequência.

VP É, tem mulheres que não querem, mas são criticadas, cobradas, como se fosse obrigação de toda mulher se tornar mãe um dia. Agora, essa não é uma cobrança que o homem sofre quando diz que não quer ter filhos.

AP E essa necessidade da maternidade coincide com o momento em que a mulher está no auge da produção profissional, então é quase como se fosse uma imposição ela ter que escolher entre a carreira e a maternidade.

VP Hoje as grandes empresas têm até creches para os filhos, para que essa escolha não precise existir. Mas são casos excepcionais. A maioria das mulheres que trabalha não conta com esse tipo de apoio e precisa recorrer a creches municipais ou estaduais, que nem sempre funcionam.

AP Mesmo as mulheres que têm mais autonomia e condições às vezes acabam abrindo mão da carreira pela maternidade, com o apoio do marido ou do namorado. E elas fazem isso não por imposição, mas por vontade, voluntariamente, porque querem exercer a maternidade em tempo integral. Mas, passado esse momento, voltar para o mercado de trabalho pode ser difícil — até porque muitas empresas preferem contratar mulheres sem filhos, em vez de mães. Eu assisti recentemente a uma série dinamarquesa chamada *Borgen*, sobre a primeira-ministra dinamarquesa que sacrifica o afeto e a relação com o marido para continuar trabalhando, porque para nós mulheres parece impossível conseguir os dois: a profissão que sonhamos e o afeto que desejamos. E é muito cruel ter que fazer essa escolha, uma escolha que nunca é imposta ao homem. Eu nunca vi nenhum homem precisar escolher entre o trabalho e um relacionamento, enquanto as mulheres fazem isso com muita frequência. E não é por falta de independência, mas pela estrutura da sociedade. É como se a mulher fosse responsável pelo equilíbrio familiar.

VP É assim mesmo, Andréa. Às vezes vemos nos jornais a notícia de algum acidente envolvendo criança, e a primeira pergunta que as pessoas fazem é "Onde estava a mãe?". Do pai ninguém lembra.

AP Eu acho que hoje já conseguimos imaginar a possibilidade de viver sem essas responsabilidades, essas culpas. Conseguimos falar sobre isso racionalmente.

VP Ah, é difícil conseguirmos viver sem culpa, Andréa. Existe toda uma tradição que nos incutiu essa culpa, e só com muita terapia para resolver — e mesmo assim é difícil. Sem contar que nem todas as pessoas têm acesso à terapia.

QUESTÃO DE GÊNERO, TRANSFEMINISMO E PERSPECTIVAS PARA O FUTURO

VP Uma das pautas que ainda não citamos é a diversidade de gênero, muito discutida hoje. O que será que vamos colher disso no futuro?

AP O gênero é um classificador social para confinar cada um de nós em grupos. É uma prisão, porque existem regras implícitas que proíbem ou permitem determinadas coisas a determinadas pessoas.

VP Eu entendo isso que você está dizendo. Há um tempo fui dar uma palestra para alguns jovens, e eles falaram de vários gêneros diferentes. Como será que vai ser o futuro a partir disso? Como a sociedade vai se acomodar com isso, se hoje já tem dificuldades? Quando falamos de diversidade de gênero, muitas pessoas das nossas gerações ainda pensam somente no modelo heteronormativo, mas isso já mudou.

AP Hoje eu percebo uma demanda de grupos muito importantes que querem dar nome ao seu gênero, às suas orientações sexuais e identidades, porque, como já falamos aqui, não ter nome é como não existir. Então, quando pensamos em afirmação de identidade, é uma afirmação de respeito: eu existo, eu tenho direito. Se vivêssemos em uma sociedade que indiscriminadamente respeita a todos, não seriam necessárias essas classificações que existem hoje. Porém, quem assume o poder é quem estabelece como será essa classificação. Por isso, hoje majoritariamente se fala em gêneros feminino e masculino: porque o homem — branco — está no poder e vê apenas o outro como mulher, não existem nuances, identidades ou subjetividades.

VP A sociedade vai ter que mudar, porque muitas caixinhas, gavetinhas e espaços estão se abrindo, como o Transfeminismo.

AP Não sei se no início dos anos 2000 já se falava em Transfeminismo, com esse nome, mas o movimento existia e tinha espaço inclusive na elaboração de políticas públicas, sob a coordenação da Nilceia Freire, minha amiga querida, que foi embora tão cedo e era ministra da Secretaria Especial de Política para as Mulheres. Como falamos desde o início, os feminismos, mesmo com divergências pontuais, são muitos e sempre haverá espaço para quantas vozes chegarem. O que não convive bem com o feminismo é o silenciamento e a negação de direitos.

VP Andréa, realmente, tinha divergência. Como não tenho participado, ultimamente, das discussões Feministas, posso estar equivocada, e essas divergências, talvez, já tenham sido superadas.

AP Eu acho muito relevante conhecermos a história, porque nós somos resultado de um processo histórico, e tudo o que acontece é resultado do que veio antes de nós, inclusive o feminismo. Mas realmente existe essa questão que você colocou, e é importante que tenhamos densidade teórica para compreender como esses movimentos estão mudando e se organizando. Eu só vim a descobrir e perceber essa mudança muito recentemente. O atraso se deve ao fato de que toda a rede de proteção de direitos humanos fundamentais e de igualdade que nos cerca foi formatada para uma realidade eurocêntrica, não para a nossa. Como já disse aqui, eu sempre me ocupei do lugar de percepção de que o mundo inteiro é um só, mas foi uma visão privilegiada. Por exemplo, eu me sentia muito ofendida quando era identificada como racista, porque achava um absurdo alguém me taxar dessa forma, era inadmissível. No entanto, quando consegui compreender que sou racista, consegui estabelecer que não posso ser racista, que tenho que ser antirracista. O mesmo acontece com a luta trans. Eu não posso aceitar a transfobia, tenho que lutar contra isso.

VP Que fala fantástica, Andréa. Fiquei emocionada. O preconceito e a discriminação são desumanizadores. O Racismo é desumanizador.

AP É assim. Conseguir compreender a importância dessas lutas me fez compreender também os múltiplos movimentos do feminismo. Não podemos limitar nosso olhar ao nosso próprio mundo. Precisamos de uma formação humana, iluminista, que presuma ser possível conhecer os desdobramentos sociais e históricos de uma forma mais ética e plural.

VP A sua fala é incrível, porque você fala do seu lugar de privilégio, do lugar simbólico dos privilégios irreais, que é o lugar da Branquitude enquanto sistema. Mas você se coloca na escuta e é nossa aliada — e isso é da maior importância. A raça "humana" não é tão humana assim, já que o racismo desumaniza, a violência contra as mulheres desumaniza, a transfobia, a homofobia, a lesbofobia desumanizam. Nós, os negros, somos a maioria da população brasileira e ainda temos os piores indicadores sociais. O Feminismo trabalha nessas vias para melhorar as oportunidades das mulheres na sociedade, no mercado de trabalho, na vida, independentemente da cor. E quando ele se empretece, começamos a discutir outras questões além de gênero, como raça e classe, por exemplo. Aí está posta a interseccionalidade.

AP As demandas são muito diferentes, né? Por isso, não dá para pensarmos em um feminismo só, ele precisa ser plural e respeitar cada grupo e suas demandas. O que tem em comum é esse lugar de inferioridade em que a mulher é colocada. Por isso, a escuta é tão importante, não só para quem é do movimento, mas para todos.

VP Por isso, é importante também o feminismo dialógico interseccional, de que falei lá no começo. Ainda não conseguimos trabalhar, dialogar com todos esses feminismos, mas isso é um processo, é histórico, e a juventude já vem com outra pegada.

AP Eu tenho grande admiração por essa juventude, Vilma, me admiro vendo as lutas por liberdade que elas trazem, buscando autonomia sexual, autonomia de seu corpo, de suas escolhas. E o fortalecimento dessa luta tem que conseguir estabelecer, finalmente, o avanço nos nossos direitos, porque direitos não são concessões, são conquistas. Se não conseguirmos nos organizar, não avançaremos.

VP E hoje, independentemente do feminismo, a juventude tem trabalhado justamente naqueles lugares que mais cedo dissemos estar muito diluídos. A internet é aliada da juventude, é onde eles aprendem e podem ensinar. Às vezes me assusto com o modo como os jovens vão transformando conceitos, se apropriando dessas ideias e criando novas, tudo nas redes. Andréa, isso não é só interessante, isso é imprescindível. E nós também temos transformado as coisas, não é? Veja você, como juíza.

AP E você também, como escritora, professora, sábia. Como é importante também essa nossa conversa nesse momento, mesmo que seja para repetir e defender o óbvio. O ideal seria que o movimento feminista não precisasse mais existir, que já tivéssemos alcançado o reconhecimento, o respeito e a igualdade.

VP Assim como seria bom se não precisasse mais existir o Dia Internacional da Mulher, o Dia da Consciência Negra... Mas estamos caminhando, e acredito que a estrada ainda é longa, até que atinjamos o respeito, a igualdade, a humanização.

AP Se a igualdade fosse uma realidade, não precisaríamos de movimento nenhum. E mesmo com tudo o que avançamos, o

Brasil ainda é um país extremamente machista, que naturaliza a cultura do estupro, que julga a liberdade e a sexualidade das mulheres, que acha natural esse número epidêmico de feminicídio. É muito duro ter que trazer a pauta da violência toda vez que discutimos feminismo, como se fosse isso que definisse nossa luta. Mas não é. O que define nossa luta é a busca incessante de direitos. Precisamos mesmo ser muito firmes na prática do feminismo, tanto na teoria quanto nas nossas ações. Depois de tudo que conversei com você e depois de tudo que tenho aprendido com as autoras e os autores que trouxeram a pauta antirracista para o centro da discussão, tenho transformado minha maneira de pensar o mundo. Não consigo mais enxergar a luta feminista em outro lugar que não logo em seguida da luta antirracista.

VP Desde que Angela Davis juntou gênero, raça e classe, desde que Lélia Gonzalez começou a empretecer o movimento feminista brasileiro, muita coisa mudou. É interessante ver hoje as várias vertentes do Feminismo Negro e como elas dialogam, como o princípio *UBUNTU* que mencionei bem no início desse nosso bate-papo. O eu contém o outro, eu me reconheço em você e você está em mim, somos circulares. É um processo ainda, mas a luta já está colhendo frutos. Eu sei que estamos vivendo um momento difícil, um momento de retrocessos, um momento de trevas em muitos aspectos, mas dentro de mim há uma pulsão de vida. Eu consigo apostar na esperança o tempo todo — e não é na esperança ingênua, não. A possibilidade de sonhar com um mundo melhor é o que me faz sobreviver.

TRECHOS CITADOS NA CONVERSA

SOBRE ENVELHECER

"Na Psicologia do Desenvolvimento o envelhecimento tem sido cada vez mais investigado não mais como um período de crises, declínios e perdas, mas como uma fase de aquisições e transformações, prenhe de significados e possibilidades que conferem um novo *status* ao idoso nos estudos contemporâneos. Por outro lado, a ampliação da longevidade não é garantia de se viver bem, sendo necessários investimentos em políticas que promovam, para esta população, autonomia, participação em diversos contextos sociais, entre outros meios que proporcionam satisfação. Certamente, muitas dificuldades vivenciadas pelos idosos podem advir das mudanças típicas do processo fisiológico de envelhecimento e das perdas ocorridas nessa fase.

Entre as vivências na velhice, são comuns as experiências de perdas que podem levar ao sentimento de solidão. Estudiosos da Psicologia consideram que a solidão é uma reação emocional de insatisfação provocada pela ausência ou deficiência de relacionamentos significativos que inclui algum tipo de isolamento. É definida, ainda, como um sentimento penoso e doloroso, de uma carência que faz referência aos outros.

[...] a solidão se apresenta como um grave problema nos idosos. O sentimento de solidão pode propiciar um declínio da saúde mental e estar ligado a quadros depressivos, consumo de substâncias ilícitas e tentativas de suicídio. Este último, o suicídio, vem aumentando nesta população, tornando os idosos a faixa de maior risco para o autoaniquilamento. Investigar a questão da solidão na velhice tem sua importância na atenção à saúde do idoso, pois se este sentimento for trabalhado, pode contribuir para que a solidão não desencadeie um quadro mais grave, como depressão ou até mesmo o suicídio. Assim, a solidão seria responsável por aumentar o desamparo do indivíduo, levando o idoso a perceber-se como excluído da família e da sociedade. [...] sentimentos de angústia, exclusão e insatisfação podem ser experienciados por pessoas que se sentem sozinhas. Por outro lado, alguns idosos falam do estar só como uma experiência positiva."

> Trecho da pesquisa "A experiência de solidão e a rede de apoio social de idosas", de Cecília Fernandes Carmona, Vilma Valéria Dias Couto e Fabio Scorsolini-Comin.

SOBRE CORPOS NEGROS FEMININOS

"Mais que qualquer grupo de mulheres nesta sociedade, as negras têm sido consideradas só corpo sem mente. A utilização de corpos femininos negros na escravidão como incubadoras para a geração de outros escravos era a exemplificação prática da ideia de que as mulheres desregradas deviam ser controladas. Para justificar a exploração masculina branca e o estupro das negras durante a escravidão, a cultura branca teve de produzir uma iconografia de corpos de negras que insistia em representá-las como altamente dotadas de sexo, a perfeita encarnação de um erotismo primitivo e desenfreado. Essas representações incutiram na consciência de todos a ideia de que as negras eram só corpo sem mente. A aceitação cultural dessas representações continua a informar a maneira como as negras são encaradas. Vistos como símbolo sexual, os corpos femininos negros são postos numa categoria em termos culturais, tida como bastante distante da vida mental."

Trecho do artigo "Intelectuais negras", de bell hooks.

CONTOS REFERIDOS NA CONVERSA

PARA CLARICE

Andréa Pachá

O céu límpido impedia que eu adivinhasse figuras nas nuvens. Na paisagem, pessoas desprezíveis, sem máscaras e sem alma apinhadas no calçadão, me obrigaram a dar as costas para a realidade.

Sentei no sofá, tentando apreender o tempo, olhando para a parede branca. Eu não acordava porque não dormia. Mal percebi quando as névoas desaparecidas da claridade da tarde invadiram a sala prateada pela lua.

Em um cinema inesperado, animais e objetos invisíveis na imensidão azul do dia chegaram em forma de palavras, turbinadas pelo vento, como sombras, na madrugada.

Às vezes solitárias. Outras em pares ou trincas, como haicais ou poesias. Um surpreendente jogo de nascimento, fusão e reconstrução de nomes e significados.

Espera. Angústia. Medo. Saudade. Luto e Luta. Abraço. Desejo. Todas se juntaram, formando uma grande e nítida LIBERDADE. Em caixa-alta.

Invadindo a tela, um monstro disforme e tentacular pisoteava a liberdade. Para salvá-la e impedir que ele desconstruísse o tabuleiro da poesia, virei para trás, devagarinho, tentando surpreender o predador.

O fantasma era a sombra de uma esperança pousada na janela. Lembrei de Clarice e sorri.

Voltei para a parede a tempo de ver a esperança projetada devorar a liberdade num abraço. Voaram ambas para o mundo.

O TEMPO E A ESPERANÇA

Vilma Piedade

Hoje é sexta. Sextou. Primeiro dia que, finalmente, ganho as ruas e a liberdade. Não aguentava mais ficar presa. Amarrada na incerteza do vir a acontecer. Toda arrumada, passo batom... ai que saudades do batom... abro a porta e saio.

Nossa, a cidade deve estar cheia de gente nas compras, nos bares, na praia, na vida. Caminhando apressada, olho para um lado, para o outro e não vejo ninguém. Ué? Cadê o povo que cantava na varanda, que reclamava do isolamento? Hoje é sexta, Gente! Falo pra mim mesma. Falar comigo mesma é o que tenho feito há meses, desde o início da Pandemia. Mas, agora estamos no pós-Covid. Tudo já melhorou. Menos mortes. Menos dor.

Continuo sem entender. Cadê os Amigos? O Amor? Onde se meteu a Alegria? De repente, ufa! Avisto alguém. Sério, de máscara, apoiado numa bengala e com um relógio na mão ele se aproxima e pergunta: Cadê sua máscara? Máscara? Pra quê? Agora tudo mudou, respondo. Mudou? Sim, mudou, disse Ele, e você não sabe o quanto! Como é seu nome? perguntou... Meu nome é Maria, porém me chamam de Esperança. E o senhor? Eu, disse ele, me chamo Tempo. Parei. Respirei. Coisa valiosa.

Tempo, o Senhor é o Tempo? Sim, minha filha. Sou o Tempo da espera, da mudança e uso a sua Esperança para ver um mundo melhor. Pessoas melhores. Contudo, estou triste. Nunca falaram tanto em mim, mas e agora? O que vocês vão fazer comigo?

A Humanidade não tinha tempo pra nada, vivia apressada, correndo. Não me usavam pra abraçar os amigos, os filhos, os amores. WhatsApp pra lá, mensagens pra cá, *emojis*. É a vida resolvida na ponta dos dedos. Fui transformado no Tempo virtual. Porém, você já parou pra pensar que muita gente nem isso podia e nem pode fazer? Que pra grande parte da população o isolamento econômico, digital já existia? Que Eu sobrei na vida deles? E que você, Esperança, está distante de uma real mudança pra Eles?

Você se espantou de não ver ninguém nas ruas, é o medo, Moça. Medo de resistir para poder existir. E que Tempo é esse que vocês tanto ansiaram para viver? Tira máscara, bota máscara. Medo do abraço. Do carinho. Das pessoas. Acho que vocês vão continuar se falando pela internet, *wi-fi*, tocando os dedos no teclado desinfectado com álcool em gel. Fazendo almoço virtual.

Acho que vou sobrar. O medo, o desemprego, as perdas, vão fazer parte desse novo Tempo tão esperado. E Eu quero acreditar que ainda dá tempo, e me coloco à disposição pra construção de um mundo melhor, onde haja Tempo pro amor, pra mais solidariedade, e que você, Esperança, possa caminhar junto comigo. Até logo, ah, e usa máscara, ainda é necessário. Você, Esperança, precisa se cuidar porque a Humanidade precisa de você.

OUTRAS CONVERSAS

PRIMAVERA DAS MULHERES

Andréa Pachá

A audiência já havia terminado, mas Maria precisava falar. Vinha de uma exaustiva rotina. No início, a mãe e as irmãs ajudavam. Conseguia trabalhar e deixar Pedro acolhido.

Aos poucos, a ajuda diminuiu e a dificuldade aumentou. Primeiro perdeu uma irmã. Depois a mãe e a irmã caçula. Mais pesado, o filho demandava cuidados com a barba e com o corpo de adulto, que não foi contido pela deficiência mental. Os episódios de convulsões e agressividade se intensificaram.

Aposentada, recebendo um salário mínimo por mês, Maria sustentava a família. Fazia questão de dizer que não estava reclamando, como se não tivesse direito ao cansaço e à tristeza. Explicou:

— Só vim à Justiça porque comecei a me preocupar com o futuro dele. Sem uma interdição, ele não recebe pensão. O pai sumiu quando ele era bebê e nunca mais voltou.

Com quase cinquenta anos, a cabeça deitada no colo da mãe, Pedro aceitava o carinho que ela lhe fazia e sorria docemente.

Sozinha, chegando aos oitenta, ela segurou minha mão e confidenciou baixinho:

— Nunca pensei que uma mãe pudesse querer que o filho partisse antes dela. Todo dia eu rezo para Deus fazer esse milagre. Nem direito de morrer eu tenho.

Sem direito à própria vida e inteiramente dedicada ao filho, Maria também não tinha direito à morte. No entanto, por algum motivo inexplicável, o tempo todo aconchegada ao homem-menino, ela era um poço transbordante de doçura e afeto.

Maria é apenas uma, dentre milhões de mulheres que criam os filhos e netos sem a presença dos pais. Uma potente rede feminina tem se organizado, especialmente nas comunidades mais pobres, para enfrentar a omissão do Estado que não garante saúde, educação, mobilidade, emprego e quando chega é para punir e encarcerar.

Abandonadas pelos maridos, vítimas de violência doméstica, enfrentam o descaso do poder público, a tirania do tráfico, a violência policial e lutam bravamente para que os filhos tenham um destino melhor.

Apontadas por um candidato à Vice-Presidência como responsáveis pela "fábrica de desajustados" que fornecem mão de obra ao narcotráfico, as mulheres não apenas são denunciadas pelo abandono paterno e masculino, como são criminalizadas pela miséria. O discurso do general contraria a análise de dados científicos e aprofunda o preconceito. A população pobre e preta tem sido vítima, não apenas simbólica, mas real, desse lamentável comportamento. Ao se aceitar tal associação, naturalizam-se as mortes violentas que têm ceifado a vida dos jovens nas favelas e comunidades.

As causas do tráfico e da violência são múltiplas e complexas. Não são as mães e avós, muito menos as novas famílias, as responsáveis pelo desastre. No Brasil, segundo o IBGE, 28,6 milhões de famílias não se inserem no perfil clássico e superam o modelo tradicional de pai, mãe e filhos, unidos pelo matrimônio, e 37,3% dos lares são chefiados por mulheres. Acresça-se a esse quadro, o grande número de registros sem o nome do pai. Não fosse pela coragem e pela força dessas mulheres, não fosse pelo ambiente familiar de acolhimento, os impactos do abandono e da violência seriam ainda mais alarmantes.

O afeto, como elemento estruturante dos direitos, tem garantido proteção a todos os núcleos familiares. São as famílias — e não apenas um modelo delas — que continuam sendo a base da sociedade que se pretende mais plural e democrática.

Poucas instituições são tão sólidas e consistentes quanto o colo acolhedor e generoso das mães e das avós. São essas as mulheres que têm preservado um sopro de dignidade e liberdade nesse pântano de ódios e ressentimentos. São essas as mulheres que simbolizam a resistência e indicam que o pessimismo que imobiliza não nos faz mais realistas. Apenas mais tristes.

Na última segunda-feira, Joaquim Ferreira dos Santos anunciou, em uma crônica comovente, o adiamento da primavera, por falta de clima. Felizmente ele se enganou. Mesmo nos terrenos mais áridos, a delicadeza brota e a esperança chega com a primavera, pelas mãos das mulheres.

ESCRITA NA QUARENTENA

Vilma Piedade

Hoje, dia 1 de junho de 2020, inicio uma nova trajetória como Colunista do Coletivo Pretaria. Coletivo potente. Aquilombador de pensamentos, escritas, reflexões. Coletivo de Mulheres Pretas focadas na comunicação antirracista. Escrevendo, ou tentando, lembro de Drummond, "lutar com palavras/ é a luta mais vã". Sempre luto com elas quando escrevo. E elas sempre ganham a batalha. Mas insisto em ficar procurando a melhor palavra. Ainda mais agora, que estamos numa Quarentena, no auge de uma Pandemia.

O Tempo, inexorável, como afirma Machado de Assis, é o protagonista desse processo. Isolamento Social necessário e vital. A Pandemia nos coloca em confronto conosco, com a outra, o outro. Com a Vida e suas mazelas. Mazelas escancaradas pela Covid-19.

Falando da Pandemia, falamos sobre a Saúde. Sobre o Sistema Único de Saúde que está abarrotado de doentes; os necrotérios, de corpos. Discorremos sobre as desigualdades raciais, porque são raciais, antes de serem sociais. Pensamos, principalmente, nas Jovens e Mulheres Negras nessa Pandemia. Somos estatísticas no aumento da taxa de Feminicídio que subiu na Quarentena. Podemos somar a esse quadro desolador o subemprego, a informalidade, a violência na periferia, as doenças que afetam a Saúde da População Negra — hipertensão, diabetes, doença falcêmica, obesidade, as denominadas comorbidades.

A Quarentena, tão necessária, é cruel. Nos afasta de amigos, família, amores, mas precisamos viver pra chegar ao Pós-Covid. Só que nem todas/todos podem ficar em casa, procedimento fundamental para conter o avanço e a letalidade da doença. Precisam trabalhar, subsistir, porque "quem tem fome tem pressa", disse Betinho. E buscando os dados do Instituto Brasileiro Geográfico — IBGE de 2019, 13,5 milhões de Brasileiros estão na linha da pobreza e se autodeclaram pretos ou pardos. Além disso, a Organização Mundial de Saúde (OMS) afirma que são as Mulheres que estão na linha de frente como profissionais de Saúde, Mulheres, na sua maioria, Negras. Tempos difíceis, com certeza.

A Filosofia Africana tem um Conceito denominado *UBUNTU*, ou seja, eu te contenho. Você, meu irmão, irmã, vizinho, não é o outro. Pegou pra um, pegou geral. Estamos vendo esse Conceito sendo posto em prática nas Comunidades com as suas Redes de parcerias. Com as Mulheres conseguindo manter seu sustento fazendo máscaras. Com as doações de cestas básicas e kits de higiene. É uma Rede de solidariedade Preta, auxiliada, também, por empresas, artistas, jogadores de futebol, por Brancos aliados nessa construção.

Comecei lutando com as palavras e vou lá no meu livro *Dororidade* pra resgatar que a dor provocada pelo Racismo nos une. Une as Mulheres Pretas que sempre arrumaram sua forma de resistência diante das adversidades. E dessa vez não está sendo diferente.

O Tempo, hoje mais virtual do que nunca, une e auxilia a humanidade naquilo que o isolamento nos tira. Informa. Faz chamada de vídeo pra ver filhos, pais, amigos.

Contudo, é preciso dizer de novo que nem todas/todos conseguem ficar conectados. Muitas vezes existe um buraco na comunicação. Internet fraca. Falta de dinheiro pra acessar os dados móveis. Mais desigualdades que afloraram com a Pandemia.

Mas pensemos que já estamos no meio do caminho, caminhando pra um Tempo que será diferente. Não vamos perder a Esperança de dias melhores!

SUGESTÕES BIBLIOGRÁFICAS

ADICHIE, Chimamanda Ngozi. *Americanah*. São Paulo: Companhia das Letras, 2014.

AKOTIRENE, Carla. *Interseccionalidade*. São Paulo: Pólen, 2019.

ARRAES, Jarid. *As lendas de Dandara*. Porto Alegre: Livro Editora Livre, 2015.

BARBOSA, Lia Pinheiro. Florescer dos Feminismos na luta das mulheres indígenas e camponesas na América Latina. *Revista NORUS*, vol.7, n. 11, 2019. Disponível em: https://periodicos.ufpel.edu.br/ojs2/index.php/NORUS/article/view/17048.

BEAUVOIR, Simone de. *A força da idade*. Rio de Janeiro: Nova Fronteira, 2010.

_____. *A mulher desiludida*. Rio de Janeiro: Nova Fronteira, 2010.

_____. *A velhice*. Rio de Janeiro: Nova Fronteira, 2018.

_____. *O segundo sexo*. Edição comemorativa. Rio de Janeiro: Nova Fronteira, 2019.

BUTLER, Judith. *Relatar a si mesmo: crítica da violência ética*. Belo Horizonte: Autêntica, 2015.

CARNEIRO, Sueli. Racismo, Sexismo e desigualdade no Brasil. São Paulo: Selo Negro Edições, 2011.

_____. Matriarcado da miséria. Correio Braziliense, p. 5, 2000. Disponível em: https://www.geledes.org.br/o-matriarcado-da-miseria/

_____; CURY, Cristiane. O poder feminino no culto aos orixás. *Revista de Cultura Vozes*, 1990. Disponível em: https://www.geledes.org.br/wp-content/uploads/2015/05/Mulher-Negra.pdf.

CASTRO, Susana de. Condescendência: estratégia pater-colonial de poder. In: HOLLANDA, Heloisa Buarque de (org.). *Pensamento Feminista Hoje: perspectivas Decoloniais*. Rio de Janeiro: Bazar: 2020.

COLLINS, Patrícia Hill. *Pensamento Feminista Negro: conhecimento, consciência e a política do empoderamento*. São Paulo: Boitempo, 2019.

DAVIS, Angela. *Mulheres, raça e classe*. São Paulo: Boitempo, 2016.

_____. *Mulheres, cultura e política*. São Paulo: Boitempo, 2017.

EVARISTO, Conceição. *Becos da Memória*. Santa Catarina: Editora Mulheres, 2013.

_____. *Insubmissas lágrimas de mulheres*. Rio de Janeiro: Malê, 2016.

_____. *Olhos D'Água*. Rio de Janeiro: Pallas, 2015.

_____. *Ponciá Vicêncio*. Belo Horizonte: Mazza Edições, 2003.

GONÇALVES, Ana Maria. *Um defeito de cor*. Rio de Janeiro: Record, 2006.

GONZÁLEZ, Lélia. *Por um feminismo afro-latino-americano*. São Paulo: Zahar, 2020.

_____. HASENBALG, Carlos. *Lugar de Negro*. Rio de Janeiro: Marco Zero, 1982.

HOLLANDA, Heloísa Buarque de (Org.). *Interseccionalidades: pioneiras do feminismo negro brasileiro*. Rio de Janeiro: Bazar do Tempo, 2019.

_____. (Org.) *Pensamento Feminista: conceitos fundamentais*. Rio de Janeiro: Bazar do Tempo, 2019.

HOOKS, bell. *E eu não sou uma mulher? Mulheres negras e feminismo; tradução Bhuvi Libanio*. Rio de Janeiro: Rosa dos Tempos, 2019.

HOOKS, bell. *O feminismo é para todo mundo: Políticas arrebatadoras*. Rio de Janeiro: Rosa dos Tempos, 2018.

KILOMBA, Grada. *Memórias da plantação: episódios de racismo cotidiano*. Rio de Janeiro: Cobogó, 2019.

LAENA, Roberta. *Fictícias: candidaturas de mulheres e violência política de gênero*. Radiadora, 2020.

LANDES, Ruth. A cidade das mulheres. Civilização brasileira, 1967. Disponível em: https://drive.google.com/open?id=0B8v-6QTHcbEOESS1qUTBMd2NnMlU.

LISPECTOR, Clarice. *A paixão segundo G.H.* Rio de Janeiro: Rocco, 2020.

_____. *Uma aprendizagem ou o livro dos prazeres*. Rio de Janeiro: Rocco, 2020.

LORDE, Audre. *Sou sua irmã: Escritos reunidos e inéditos*. São Paulo: Ubu, 2020.

LUCINDA, Elisa. *Vozes guardadas*. Rio de Janeiro: Record, 2016.

LUXEMBURGO, Rosa. *Cartas: volume III*. São Paulo: Editora da Unesp, 2011.

MENDES, Soraia Rosa. *Criminologia feminista: Novos Paradigmas*. 2 ed. São Paulo: Saraiva Jur., 2017.

MONTERO, Rosa. *A ridícula ideia de nunca mais te ver*. São Paulo: Todavia, 2019.

PACHÁ, Andréa. *A vida não é justa*. Rio de Janeiro: Intrínseca, 2019.

_____. *Segredo de Justiça*. Rio de Janeiro: Intrínseca, 2019.

_____. *Velhos são os outros*. Rio de Janeiro: Intrínseca, 2018.

PIEDADE, Vilma. *Dororidade*. São Paulo: Editora NÓS, 2017.

_____. et al. *Sigam as elefantas: mulheres em tempos de pandemia*. PORTAL CATARINAS, 2020. Disponível em: https://www.geledes.org.br/sigam-as-elefantas-mulheres-em--tempos-de-pandemia/.

PIRES, Thula. *Criminalização do racismo: entre política de reconhecimento e meio de legitimação do controle social sobre os negros*. Rio de Janeiro: PUC-Rio/Brado, 2016.

RIBEIRO, Djamila. *O que é lugar de fala?* Belo Horizonte: Letramento: Justificando, 2017.

_____. *Quem tem medo do feminismo negro?* São Paulo: Companhia das Letras, 2018.

SCHUMAHER, Schuma. *Mulheres Negras do Brasil*. São Paulo: Senac, 2014.

SILVA, Francisca Souza da. *Ai de vós! Diário de uma doméstica*. Rio de Janeiro: Civilização Brasileira, 1983.

SÓFOCLES. *Rei Édipo e Antígona*. Coleção Clássicos Para Todos. Rio de Janeiro: Nova Fronteira, 2016.

SZYMBORSKA, Wislawa. *Para o meu coração num domingo*. São Paulo: Cia das Letras, 2020.

TIBURI, Márcia. *Feminismo em comum: Para todas, todes e todos*. Rio de Janeiro: Rosa dos Tempos, 2018.

WERNECK, Jurema; MENDONÇA, Maisa; WHITE, Evelyn. *O livro da saúde das mulheres negras: nossos passos vêm de longe.* Rio de Janeiro: Pallas, Criuola, 2006.

XAVIER, Giovana. *Você pode substituir mulheres negras como objeto de estudo por mulheres negras contando sua própria história.* Editora MALE, 2021.

AGRADECI-MENTOS

Abayomi Juristas Negras, Abdias Nascimento, Achille Mbembe, Adailton Moreira, Adalberto Neto, Adriana Motta, Alcione, Aldeli Carmo, Amalia Fischer, AMB, Andréa Mattos, Angela Davis, Audre Lorde, Babá Lao, Babá Paulo Ifatide, Bel Barcellos, bell hooks, Benedita da Silva, Bete Eugênio, Bianca Ramoneda, Cadernos Negros, Carla Akotirene, Carlos Henrique Pachá Cardoso, Carlos Moore, Carolina Maria de Jesus, Cláudia Vitalino, Clarice Lispector, Cidinha da Silva, Chiquinha Gonzaga, Coletivo Pretaria, Conceição Evaristo, Cora Coralina, Cris Viana, Cristiana Cordeiro, Cristiane Luís, Cristina Tereza Gaulia, CULTUNE, Dandara, DEAMs, Dida, Djamila Ribeiro, Djanira, Dona Ivone Lara, Dríade Aguiar, Editora Agir, Editora Nós, Editora Nova Fronteira, Edna Roland, Ele Semog, Eleuteria Amora, Eliana Hemeterio, Eliane Alves Cruz, Elisa Larkin, Elisa Lucinda, Elza Soares, EMERJ, Erica Malunguinho, Fabíola Machado, Fátima Bernardes, Filhas de Gandhi, Filó, Flávia Oliveira, Fórum de Mulheres Negras, Frantz Fanon, Gaiaku Deusimar, Giovana Xavier, Grada Kilomba,

Gustavo Berner, Helena Theodoro, Heloisa Buarque de Hollanda, Herlon Miguel, Humberto Adami, Iara Amora, Ieda Leal, IPCN, IPEAFRO, Ivanir dos Santos, Ivanir Ribeiro, Januário Garcia, João Alfredo Pachá Cardoso, Janaína Senna, Jorge Ferreira, Jorge Lyra, José Marmo da Silva, Joyce Berth, Judith Butler, Júlio Tavares, Jurema Batista, Jurema Werneck, Kelly Vieira, Lao Lyra, Lázaro Ramos, Lecy Brandão, Leila Barsted, Lélia Gonzalez, Lia Vieira, Lili AMB, Lili Brum, Lima Barreto, Livraria Blooks, Luana Xavier, Lucia Xavier, Luciana Boiteux, Ludmilla, Luís Gama, Luísa Mahin, Luís Soares, Luiza Bairros, Machado de Assis, Mãe Beata de Iemanjá, Mãe Meninazinha, Mãe Stella de Oxóssi, Mãe Torody de Ogum, Maíra Azevedo, Makota Valdina, Márcia Tiburi, Maria da Penha, Maria Firmina dos Reis, Maria Helena Barros, Marielle Franco, Marta Ribera, Marta Vieira da Silva, MilSoul Santos, Milton Santos, Moça Prosa, Monica Francisco, Muniz Sodré, Mylène Vassal, Nananci, Nanci Rosa, Nando Lyra, Negrogun, Nélida Capela, Nelson Sargento, Neusa das Dores, Nilcea Freire, Nilza Iraci, OAB, Ogan Cotoquinho, ONU Mulheres, Pai Oswaldo, Patricia Hill Collins, Patrícia Pachá, Paulo César Oliveira, Paulo Gustavo, Portal Catarinas, Preta Rara, Profissionais de Saúde, Psicopretas, Regina Nogueira, Regina Zappa, Renato Noguera, Roberta Laena, Roberta Pedrinha, Rodrigo França, Romário Almeida, Rosália Lemos, Rosane Lavigne, Rubens Casara, Ruth de Souza, Schuma Schumaher, Silvany Euclenio, Silvio de Almeida, Simone Paulino, Simone de Beauvoir, Simone Lyra, Simone Nacif, Solano Trindade, Soraia Mendes, Sueli Carneiro, Tainá de Paula, Tais Araújo, Thula Pires, Tia Ciata, Valéria Martins, Vanda Ferreira, Vanda Gonçalves, Vanda Menezes, Vanessa Berner, Vânia Santana, Vera Baroni, Veronica Lima, Waldir de Bessen, William Lyra, Winnie Bueno, Ya Nilce Naira, Zélia Duncan, Zezé Motta...

SOBRE AS AUTORAS

Andréa Pachá é desembargadora e escritora. Mestre em Direitos Humanos e Saúde Pública pela Fiocruz. Foi membro do Conselho Nacional de Justiça, responsável pela criação do Cadastro Nacional de Adoção e pela implantação das Varas de Violência contra a Mulher em todo o país. Preside o Comitê de Gênero do Tribunal de Justiça do Estado do Rio de Janeiro. É autora dos livros *Segredo de Justiça*, *A vida não é justa* e *Velhos são os outros* (finalista do Prêmio Jabuti de 2019).

Vilma Piedade é escritora, palestrante e professora de Língua Portuguesa e Literatura Brasileira, formada em Letras pela UFRJ, com pós-graduação em Teoria Literária pela mesma universidade. Autora do livro-conceito Dororidade, lançado em 2017 pela editora NÓS/SP, tem vários artigos publicados em revistas de grande circulação, jornais, sites e colaborou no livro *Criminologia Feminista: novos paradigmas*, lançado pela Saraiva JUR. Também é colunista do Canal Pensar Africanamente e do Coletivo Pretaria. Antirracista, mulher preta, feminista, integrou a Comissão de Relatoria no Brasil da Revisão da Conferência de Durban. Em 2019, participou da Exposição O Rio dos Navegantes, do Museu de Arte do Rio, com o texto "Maria e o Mar" no podcast *Águas de Kalunga*. Atualmente tem se dedicado à escrita e ministrado cursos sobre feminismo negro.

DIREÇÃO EDITORIAL
Daniele Cajueiro

EDITORA RESPONSÁVEL
Janaina Senna

PRODUÇÃO EDITORIAL
Adriana Torres
Júlia Ribeiro
Mariana Lucena

REVISÃO
Rita Godoy
Maria Letícia L. Sousa
Kamila Wozniak

PROJETO GRÁFICO
Larissa Carvalho

DIAGRAMAÇÃO
Filigrana

Este livro foi impresso em 2021
para a Agir.